MOMENTUM
DEJAR QUE EL AMOR GUIE

Otros Libros de John-Roger

Despertar dentro de la luz

Baraka

Dinámica del ser básico

Perdonar: la llave del reino

Dios es tu socio

Mundos internos de la meditación

Amando Cada Día

Amando Cada Día
para mamás y papás

Amando Cada Día
para los que hacen la paz

Manual para el envío de la luz

Pasaje dentro del Espíritu

Preguntas y Respuestas del Corazón

Caminando con el Señor

Relaciones:
amor, matrimonio y Espíritu

El sexo, el espíritu y tú

Drogas

El Guerrero Espiritual:
el arte de vivir con Espiritualidad

La conciencia del alma

El camino de un alma

El sendero a la maestría

La fuente de tu poder

La familia espiritual

La promesa espiritual

El Tao del Espíritu

El camino de Salida

Abundancia y Conciencia Superior

Para mayor información por favor póngase en contacto con:
Mandeville Press, P.O. Box 513935,
Los Angeles, CA 90051-1935 EE.UU.
323-737-4055
jrbooks@mandevillepress.org
alma@msia.org
www.mandevillepress.org

MOMENTUM
DEJAR QUE EL AMOR GUIE

PRACTICAS
SIMPLES
para
LA VIDA
ESPIRITUAL

JOHN-ROGER
con PAUL KAYE

Mandeville Press
Los Angeles, California
EE.UU.

Traducción de Selene Soler Schoettler
Coordinación: Jesús Becerra-Flores

Mandeville Press

P.O. Box 513935

Los Angeles, CA 90051-1935 EE. UU.

323-737-4055

jrbooks@mandevillepress.org

www.mandevillepress.org

Impreso en los Estados Unidos de América
ISBN 1-893020-24-X

Existen el Juego de la Vida y el Juego del Amor.

La mayoría de la gente juega el Juego de la Vida,
y trata de hacer funcionar la vida.

La vida ya funciona.

La clave es cómo introducimos el amor en ella.

Eso es jugar el Juego del Amor,
y es, sin lugar a dudas, el juego más importante.

—John-Roger

No *desperdiciaría mi vida viviendo en fricción cuando se podría transformar en impulso ("momentum")*.

—Frances Willard (1839-1898)
Educador

El amor es la cosa más extraña que conozco,

Lo mantienes cerca dejándolo ir,

Y lo sigues de cerca y lo sigues despacio,

Y el amor te lleva a donde el amor quiere ir.

—Canción de amor incompleta
de "Canciones para el corazón amoroso"

INDICE

AGRADECIMIENTOS

Deseamos agradecer a la gente cuyo nombre aparece a continuación, por su invaluable contribución a la publicación de este libro.

Jan Shepherd por su forma amorosa de "mantenernos a raya" y por su infatigable estímulo. Joan Oliver por darle forma y crear el libro, y por mantener la serenidad aún cuando estaba rodeada de nuestras variadas idiosincrasias. Shanti Einolander por la sutileza de su tarea editorial. Marie Leighton y Angel Gibson del equipo de Mandeville Press por su gentil dirección y atención. Stephen Keel por su agudeza y sus expertos detalles. Betsy Alexander por su sabiduría y experiencia. Shelley Noble por su talento creativo demostrado en el diseño tanto de la cubierta como de la parte interior del libro. Stede Barber por su diseño y su experiencia de producción. Vincent Dupont por su infinita paciencia en la conducción de este libro desde el comienzo hasta su conclusión.

PRÓLOGO

El mensaje que constituye el núcleo de este libro esencial y profundo es que la actividad suprema de este mundo es amar, y luego amar un poco más. Los autores, John-Roger y Paul Kaye, nos presentan los lineamientos del amor en la forma de un diálogo entre la esencia del Amor y la existencia del Amor. Declaraciones audaces, evocativas, aún mánticas se confrontan con reflexiones sobre aplicaciones prácticas. Juntas, sirven para sorprendernos y para provocar nuestro propio diálogo interno. De pronto nos transformamos en filósofos y psicólogos del amor. Descubrimos que, como el amor es el núcleo esencial de nuestra naturaleza humana, en efecto el código cósmico que produce el despliegue de todo lo que es vida y tiempo, sabemos más de lo que creíamos, recordamos lo que habíamos olvidado. El amor, como dijo Dante, mueve el sol y todas las estrellas. A esto nosotros agregaríamos que fue el amor el que nos lanzó desde su inicial paroxismo en ese microsegundo de tiempo que explotó, transformándose en el universo en evolución, buscando compañeros y amantes en la creación. La realidad creció a través de sus amores y afinidades, átomos a átomos, moléculas a moléculas, cuerpos a cuerpos, grupos a grupos, el mundo como amante, el mundo como sí mismo. El Dios en todas las cosas está encontrando expresión en los afectos que son el modelo de todas las conexiones. Como humanos, somos semillas de dioses plantadas en el campo del tiempo y el espacio, alimentadas y creciendo gracias a nuestras relaciones amorosas.

Este libro es una celebración de la verdad que está emergiendo en todos lados, una nueva filosofía natural basada en el amor como la fuerza creativa de la evolución, y el atractivo de esa transformación encuentra una expresión renovada en el emergente arquetipo del Bienamado del Alma. En otras palabras, estamos tratando de descubrir cómo trabajar juntos como socios, no solamente en nuestras relaciones y trabajos y comunidades, sino también en el planeta y en el cosmos. Y, al hacerlo, debemos reconocer que el ser divino que hemos estado buscando está en cada uno de nosotros. La energía amorosa que impulsa nuestras vidas es la misma que impulsa la vida del planeta entero. Como células de un solo cuerpo, estamos entrelazados de manera inextricable. Somos la Tierra, extendidos en reverencia conciente de quienes somos.

Teilhard de Chardin escribió: "Llegará el día en el cual, después de dominar el espacio, los vientos, las mareas y la gravitación, dominaremos para Dios las energías del amor. Y ese día, por segunda vez en la historia del mundo, habremos descubierto el fuego".

¿Qué puede significar esto para la evolución de nuestro turbulento mundo actual? Sugiere que las energías evolutivas del amar, las capacidades inherentes del amar, si pudieran ser dominadas, nos descubrirían visiones de transformación, cultura, desarrollo humano y desarrollo mundial que son virtualmente desconocidas en la actualidad. ¿Qué significa dominar las energías del amar para la evolución del Alma, la relación entre los países, el crecimiento en inteligencia y creatividad, el elemento sagrado de la ciencia y la humanización de nuestras formas sociales, todo ello resultando en una verdadera unión de gentes y naciones?

A medida que amamos más, vemos y aceptamos más: respetamos el dolor, la belleza, la lucha y el camino, nuestros y de los demás. Con amor nos hacemos más inteligentes y creativos, porque estamos abiertos a los modelos de inteligencia de todo lo que es parte de la vida. Llegamos a vislumbrar la maravilla que es la vida en sus formas infinitas y la maravilla que está adentro de nosotros. Sencillamente, con amor podemos exceder nuestras condiciones locales. Evolucionamos.

John-Roger y Paul Kaye nos han dado el regalo más valioso. Nos han mostrado cómo vivir cada momento como una oportunidad para amar y, al hacerlo, nos han ofrecido las llaves del reino.

DRA. JEAN HOUSTON
Ashland, Oregon

INTRODUCCION

La gente dice a menudo que el amor curará al mundo.
Pero esto no es exactamente verdad.
Es el amar lo que cura al mundo.

Amar es acción. Amar es manifestación.
Amar es movimiento.

Amar es la conciencia de dar.

Este libro se trata de ser amoroso en el momento.

Durante años he querido saber: ¿hay una solución sencilla para nuestros problemas, nuestros planteos, nuestros desafíos en la vida? Después de mucho investigar, he llegado a la conclusión de que no importa lo que estemos confrontando, podemos manejarlo cuando estamos en el momento. "En el momento" es cuando podemos encontrar todas nuestras respuestas. El truco es ubicarnos en el momento.

Más aún, hay otra dimensión que tiene que ver con estar en el momento, y es ser amorosos. Este es el amor que surge de la profundidad de nuestro ser, nuestro corazón espiritual. Así que la clave de la vida es ser amoroso en el momento. Ser amoroso en el momento es una opción que está siempre disponible, una opción que todos tenemos el poder de elegir. Requiere enorme fortaleza permanecer amorosos cuando confrontamos desafíos internos y externos, y las distracciones de la vida diaria. Pero es una elección que vale la pena hacer.

Ser amorosos en el momento es espiritualidad práctica. La espiritualidad práctica se trata de aplicar conceptos espirituales a la vida diaria. No es necesario que trates de ser espiritual. Ya lo eres. Pero tal vez necesites deshacerte de los efectos del acondicionamiento para descubrir tu naturaleza fundamental, que es amor.

Te invito a usar este libro para descubrir formas de involucrarte en el juego más importante, el Juego del Amor. Los capítulos incluyen prácticas sencillas que indican formas de comenzar a usar las ideas presentadas aquí. Entre los capítulos hay secciones llamadas Reflexiones sobre amar, que están diseñadas para ayudarte a ponerte en contacto con el amor. Estas secciones, que tratan de temas como relaciones, desafíos y la maestría de uno mismo, también pueden ser usadas como una práctica espiritual. Releer y reflexionar sobre el texto es una manera sencilla de hacerte conciente del amor en el momento. Las citas que aparecen en el libro son de John-Roger, a no ser que se indique lo contrario.

Las ideas manifestadas en este libro no son específicas de ninguna religión. Se basan en principios universales que se encuentran en las sabias tradiciones del mundo. No es necesario adoptar ninguna creencia en particular, o dejar de lado tu fe o tus prácticas espirituales actuales, para encontrar que estas herramientas y técnicas son útiles.

Finalmente, la espiritualidad no se aprende sencillamente leyendo un libro. Cuestiona las ideas que se presentan en estas páginas, prueba las prácticas, permite que estos principios se hagan vivos adentro de ti. Cada uno de nosotros debe apoderarse de la espiritualidad usando la intuición, y experimentarla directamente. La voz de tu amor se hace más clara a medida que practicas oírla. El corazón espiritual siempre sabe la verdad.

Capítulo 1

LA SABIDURIA DEL DESEQUILIBRIO

Es una buena idea involucrarte en el descubrimiento de quién eres en realidad. De esa forma puedes cambiar las cosas que no te funcionan bien y crear movimiento positivo adentro de ti.

¿Quién no querría una vida perfectamente equilibrada: relaciones excelentes, buena salud, suficiente dinero, y una profesión estimulante, todo al mismo tiempo? Para la mayoría de nosotros parece que siempre hay algo que no está equilibrado. En otras palabras, falta algo.

Tal vez conozcas una persona atractiva y te enamores, pero tu nueva amante tiene gustos caros y no tienes los medios para satisfacerlos. Tal vez goces de buena salud y tengas un excelente trabajo con buena paga, pero no has podido encontrar a esa persona especial con la cual compartir tus sueños. Posiblemente tengas una relación magnífica, pero estás deprimido porque tu trabajo no te satisface. Hasta es posible que tengas una relación magnífica, un trabajo excelente y mucho dinero, pero no estés muy bien de salud, así que no tienes la energía para disfrutar de tu buena suerte.

Para algunas personas, la búsqueda de una vida equilibrada es una obsesión. Puedes escuchar la tensión en sus voces cuando hablan de tratar de encontrar el equilibrio. El mensaje que no están comunicando es: "Si todo fuera como yo quiero, si pudiera controlar todo, entonces tendría una vida equilibrada, y mi vida sería fantástica".

Desafortunadamente, la vida no funciona así. Todos hemos oído la frase: "Lo único constante es el cambio". Todo en el universo está fluyendo. Si tomaras una muestra de tu sangre y la observaras en un

Es *importante mantenerte en movimiento, y no permitir que te quedes paralizado y estancado en ningún aspecto de tu vida.*

Continúa moviéndote en la dirección de tu amor.

microscopio, verías mucho movimiento. Momento a momento, en todas las partes del cuerpo, algunas células están muriendo, mientras que otras se están reproduciendo. Aún el libro que estás sosteniendo en tus manos te da solamente una ilusión de permanencia: hay una colmena de actividad al nivel subatómico.

Los cuatro aspectos de la vida con los que trabajamos más a menudo, relaciones, salud, finazas y profesión, están en movimiento constante. En raras ocasiones puede parecer que están equilibrados. Pero lo que la mayoría de la gente no se da cuenta es que el mismo acto de tratar de mantener tu vida en perfecto equilibrio la desestabiliza. Tan pronto como un sistema logra el equilibrio, algo cambia.

En el ámbito espiritual, por supuesto, la situación es diferente. No importa cuán desequilibradas puedan parecer las cosas desde nuestra limitada perspectiva humana, en un sentido espiritual todo está siempre en equilibrio. Lo que nos resulta un problema es que, a menudo, no nos gusta como van las cosas.

Pero hay sabiduría en la falta de equilibrio. La falta de equilibrio crea movimiento, y el movimiento da pie a una vida dinámica, comprometida, que está llena de aprendizaje, creatividad y crecimiento. Una vez que tu vida está en movimiento, hay una fuerza natural que la mantiene en movimiento. Esa fuerza se llama ímpetu o "momentum".

Dedica un momento a ubicar un aspecto de tu vida en el que hay falta de equilibrio o de movimiento. La Práctica 1: ¿Dónde está el momentum? (a continuación), te indicará dónde estás ahora, para que puedas registrar los cambios a medida que trabajas con las ideas incluidas en este libro. Notarás que me refiero a este ejercicio, y a los otros en este libro, como "prácticas". Uso esta palabra porque sugiere lo que necesitas hacer para que los principios espirituales funcionen: practicar hasta que sean una parte normal de tu vida.

PRACTICA 1

¿Dónde está el momentum?

Prácticamente todas las actividades de la vida pertenecen a uno de los siguientes aspectos: relaciones, salud, finanzas y profesión. Estos son los aspectos en los cuales experimentamos la mayoría de nuestros problemas y desafíos. Dedica un momento a observar tu vida, para ver dónde hay la mayor cantidad de movimiento en este momento. El aspecto que tiene mayor movimiento puede ser el que tenga el mayor problema o complicación por resolver. O puede ser el que más desees mejorar en su totalidad.

A menudo podemos experimentar el movimiento como molestia o falta de satisfacción, pero es importante recordar que donde hay movimiento también hay la mayor oportunidad de cambio.

En el espacio que aparece a continuación considera los cuatro aspectos de tu vida y dales un valor entre 0 y 10; 0 indica *ninguna satisfacción o logro* y 10 indica *total satisfacción y logro.*

Relaciones: _____

(Este aspecto incluye todas tus relaciones importantes: esposa[o], padres, hijos, amigos, compañeros de trabajo, Dios, etc.)

Salud: _____

Finanzas: _____

Profesión: _____

Identificar un aspecto desequilibrado en tu vida no significa que tienes que apresurarte a tratar de equilibrarlo. En lugar de resistir la falta de equilibrio, o de decidir que la falta de equilibrio es algo que está mal, puedes relajarte y aceptarlo como lo que está sucediendo en este momento.

Más allá de lo que tu acondicionamiento te diga, rara vez hay algo que está mal en la mayor parte de las situaciones de tu vida. A menudo calificamos experiencias como "malas" cuando no son de la manera que queremos, o de la manera que alguien con autoridad nos ha dicho que deberían ser. Una vez que haces esa distinción, y comienzas a ver la falta de equilibrio como movimiento en lugar de una deficiencia, la vida se transforma en una aventura. En lugar de tratar constantemente de "arreglar" las situaciones, comenzarás a observar tu experiencia para ver qué puedes aprender de ella.

ECHA A ANDAR TU VIDA

Muchas de las dificultades que tenemos en la vida ocurren porque hemos dejado de movernos. Si dejamos de movernos físicamente, nuestras células comienzan a acumular material de desperdicio, lo que puede resultar en toxicidad. Si dejamos de movernos emocionalmente, acumulando los sentimientos negativos en lugar de permitirles que pasen a través de nosotros, el resultado es tensión y contracción. Si

Todas las personas en tu vida te pueden asistir a despertarte a tu amor.

Todos te pueden ayudar a ponerte en contacto con los muchos aspectos tuyos que existen adentro de ti.

dejamos de movernos mentalmente, podemos quedarnos estancados y cerrados a nuevas ideas, en lugar de estar abiertos y receptivos.

Una forma de echar a andar tu vida, de crear el momentum que lleva al cambio, es preguntarte de qué cualidad interna te gustaría tener más en tu vida: ¿serenidad?; ¿amor?; ¿felicidad? Elige una cualidad que, si la tuvieras, te permitiría sentirte contento y realizado, no importa cuáles sean las circunstancias de tu vida.

"No importa cuáles sean las circunstancias de tu vida" es la clave. Supongamos que la cualidad de la que quieres tener más es felicidad. Si para ti la felicidad depende de encontrar la persona correcta, o tener el trabajo correcto, o ganar suficiente dinero, entonces tu felicidad es condicional.

A medida que te involucras de forma continua en tu propio movimiento interno para ser más conciente, tu despertar sucederá a su propio ritmo natural.

Esa es una espiritualidad *impráctica*, es vivir desde afuera hacia adentro. La espiritualidad *práctica* es exactamente lo opuesto: vivir desde adentro hacia fuera. La verdadera felicidad no es condicional; no depende de que las circunstancias sean perfectas.

La cualidad que elijas debe reflejar la esencia de quién eres y de lo que valoras de manera que, no importa lo que pase en tu vida, esa cualidad permanezca constante. Sabrás en tu corazón que tu vida vale la pena, no importa cómo se vea desde el mundo exterior. La cualidad que elijas debe ser relevante con respecto a tu posición actual en la vida, no solamente a donde esperas llegar en el futuro.

Algunas veces es más fácil identificar la cualidad que tiene mayor valor para ti cuando la ves en otra persona, alguien a quien admiras o que te ha inspirado. Puede ser un familiar, tal vez, o un maestro o un entrenador, o un personaje histórico o un líder espiritual.

¿Qué cualidad se te ocurre? _____

Imagina el impacto que esa cualidad tendría en tu vida si estuviera completamente despierta y viva dentro de ti en este momento.

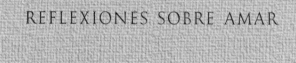

REFLEXIONES SOBRE AMAR

El amor es difícil de definir.
Podríamos decir que el amor es la esencia
que atrae a las fuerzas y las mantiene juntas
en una "posición" relativa entre ellas.

Cuando observamos las cosas con sencillez,
podemos decir que nuestras células están "enamoradas"
unas de otras, porque permanecen juntas.
Si no fuera así, se separarían unas de otras.

La experiencia de amar no puede provenir de un libro
o contenerse en palabras. Solamente se puede experimentar.
Mucha gente usa las palabras de la Biblia o
de otros textos sagrados como un arma contra otros,
y destruye con la misma efectividad que si estuviera
utilizando cuchillos o espadas o revólveres.
Amando, nadie tiene que defender nada o atacar nada.
Nadie tiene que ganar; nadie tiene que perder.
Amando, si pierdes,
quien gane te ayudará a recoger los destrozos.

El amor se le da a todos, así como el sol brilla para
todos. No todos, sin embargo, quieren estar parados
en el sol. Entonces, eres tú quien determinas el nivel
de tu experiencia con el amor. El amor se sienta a tu lado hasta
que llegue el momento en que le permitas fluir a través de ti.

Dejar que el amor fluya a través de ti es muy fácil.
Todo lo que haces es ubicarte en una posición de neutralidad,
no una de creer o no creer, no una de juicio
o prejuicio, sino una de receptividad.
Tan pronto como juzgas, destrozas al amor.

Elige la actitud que, no importa hacia dónde mires,
no importa lo que veas, es una manifestación de amor.
Lo que ves frente a ti es amor.

El amor puede tener muy diferentes tamaños, apariencias
y formas, pero es siempre amor.

CAPITULO 2

DEJAR QUE EL AMOR GUIE

Si entras en tu mundo interno con amor,
y mantienes ese amor,
puedes vivir con mayor libertad y sin esfuerzo.

La mayoría de nosotros estamos tratando de hacer que la vida funcione. Pero la verdad es que la vida ya funciona. A la vida le va muy bien. Estaba aquí antes de que nosotros llegáramos y seguirá estando aquí cuando nos vayamos. El Juego de la Vida sigue adelante. Pero el asunto no es el Juego de la Vida, es el Juego del Amor. Lo que realmente queremos es atraer a nuestras vidas más de todo lo que implica amar.

Fíjate que dije amar, no amor. El amor no tiene nada de malo. El amor es la esencia, el núcleo, la armonía que llevamos dentro, el impulso más importante de nuestras vidas. Pero amar es el amor en acción. El amor se hace vivo cuando se comparte con otros. Cuanto más se comparte, más dinámico es.

Amar es movimiento constante, experimentar, expresar, dar. La naturaleza amorosa no dice: "Yo soy amor" mientras no hace nada. Amar es el mayor regalo que te puedes dar a ti y a los demás. No hay nada en tu vida, ni en la de ninguna otra persona, que amar no pueda cicatrizar.

Amar es un momentum (ímpetu) interno rumbo a la salud, la riqueza y la felicidad. Esta forma de amar no es un amor emocional. No se trata de poseer o controlar a otro. De lo que estamos hablando es de amor espiritual. El amor espiritual es neutral. No es

> El amor nos despierta. Cuando tengas la experiencia del corazón espiritual (tu naturaleza amorosa) desbloqueándose y desarrollándose, dale gracias a Dios desde lo más profundo de tu ser por lo que te está sucediendo.

indiferente o descuidado; es imparcial e incondicional. Nada queda excluido del amor incondicional.

Se podría decir que este libro es un curso sobre amar. Un curso de maestría. Para ser maestros en amar necesitamos pasar por un proceso educativo. Sin embargo, no es como volver al colegio o a la universidad. No hay libros ni exámenes parciales ni finales, no hay que aprender idiomas extranjeros, no hay que memorizar nada. Todo lo que necesitas saber para amar ya está dentro de ti. Lo único que puede hacer otra persona es guiarte para que descubras tu propia naturaleza amorosa.

La mayoría de nosotros no tenemos ni siquiera la noción de que podemos ser maestros en amar. Corremos de un lado a otro buscando a alguien o algo que nos llene, sin darnos cuenta de que lo que estamos buscando ha estado a nuestra disposición desde siempre. Nuestra tarea principal como seres humanos es aprender a ser amorosos. A medida que nos movemos en esa dirección, todos los aspectos de nuestra vida comienzan a abrirse.

AMAR ES LA CLAVE

A través de este libro hay técnicas sencillas y sugerencias prácticas que pueden apoyarte para que dejes que el amor te guíe. Cuando hablo de dejar que el amor guíe, me refiero a un movimiento interno muy profundo, que viene desde lo más hondo de nuestro ser. Poner el amor a cargo no es algo que hagamos normalmente en nuestras vidas; generalmente dejamos que nuestras reacciones o ego nos guíen. Aunque el amor está en todo lo que nos rodea, pocas veces le dedicamos nuestra total atención; hay tantos otros lugares donde enfocamos nuestra energía.

Es sorprendente cuán fácil es abandonar nuestra naturaleza amorosa. Estamos acondicionados para recibir nuestro valor desde afuera, de lo que otra gente piensa de nosotros, de lo que logramos en el aspecto material, de nuestra apariencia física. Tal vez digamos: "No sé realmente quién soy, pero si esta gente me quiere debo de ser una persona aceptable".

Ese es otro ejemplo de vivir la vida desde afuera hacia adentro. Es una promesa vacía porque, si en el siguiente instante la gente dejase de quererte, o no te mirara de la manera que quieres que te mire, ya no te sentirías bien. Cuando otros nos retiran su amor, te das cuenta de que tú también te estás apartando y contrayendo. Contraerse es una forma de apartarse, física, emocional o mental, que nos aísla de la vida. El objetivo de este libro es llevarte a un estado de expansión, de apertura a la vida con los brazos abiertos.

El corazón amoroso se vierte, como una fuente, sobre toda la vida. Quien sea que se encuentre con una naturaleza amorosa se siente elevado. A medida que expresas tu amor, todos los que te rodean se sienten conmovidos y despiertos. Cuando te extiendes hacia la energía incondicional del Espíritu no tienes la experiencia de lo que es el amor: eres amor.

Cuando estás contraído, puedes comenzar a internarte en un estado de expansión utilizando la pregunta: *"¿Adónde me guía el amor en este momento?"*. El amor siempre te lleva a vivir desde adentro hacia fuera. Te permite quedarte adentro de ti y darte cuenta de que:

Quien eres, es suficiente.

No importa lo que los demás piensen, puedes amarte.

Puedes amar tus errores tanto como amas tus éxitos.

A medida que te mantienes fiel a estas verdades, comenzarás a atraer gente que te apoyará en tu proceso interno. Prueba y verás. Comprométete, nada más por el día de hoy, a dejar que el amor te guíe. (La **Práctica 2: Dejar que el amor guíe**, que aparece a continuación, contiene sugerencias sobre cómo hacerlo.) Cada vez que tu mente trate de distraerte con pensamientos negativos, o con dudas sobre ti, o con comparaciones con otra gente, sencillamente contesta: "Ya sé que estás ahí. Siempre estás ahí. No vas a desaparecer. Pero hoy no te voy a permitir que me molestes, porque quiero tener una experiencia distinta".

PRACTICA 2

Dejar que el amor guíe

La mayor parte del tiempo permitimos que nuestras reacciones y nuestro ego estén a cargo de nuestra vida. ¿Cómo serían diferentes nuestras vidas si dejásemos que el amor guíe? Haz este ejercicio y entérate:

- *Si estás tenso, apurado o molesto por algo, para un instante y pregúntate: "¿Qué pasaría si dejase que el amor me guíe en este momento?"*

- *Ve adentro de ti para recibir guía. Tal vez la recibas a través de una voz interna, una imagen, un pensamiento que de pronto te aparece en la mente, una sensación en el estómago.*

- *Verifica cada guía que recibas. Si te puede herir o herir a otros, no actúes. Pero si te conduce hacia la salud, la riqueza y la felicidad, hacia la realización y la expansión, puedes moverte en esa dirección con confianza.*

Esta técnica puede funcionar en cualquier área de tu vida. Piensa en cualquier parte de tu vida que quieras mejorar. Siéntate en un lugar confortable donde te sientas protegido. Permite que tu atención se vaya enfocando hacia adentro. Pregúntate: *"Si dejo que el amor me guíe en esta situación, ¿hacia dónde me dirigiría y qué haría a continuación?"*

Cuando estás experimentando una situación desafiante, requiere mucha entereza plantearte aún esa sencilla pregunta: *"¿Cómo puedo dejar que el amor me guíe en este momento?"*

¿Amas a alguien, o estás "en-amorado"? Hay una diferencia, porque cuando estás en-amorado de alguien, también puedes estar "des-en-amorado".

Si amas a esa persona por lo que hace, tal vez dejes de amarla si no hace lo que tú quieres o lo que esperas de ella. Pero si la amas por quien es, no importa lo que haga, porque la amas más allá de su comportamiento.

No te desanimes si al principio las respuestas no aparecen fácilmente. Llegar al punto en el que puedes plantear la pregunta ya indica que tu intención es valiosa, y que te estás moviendo en la dirección correcta. Con práctica, en poco tiempo llegarás a considerar este método como uno de los más valiosos para escuchar lo que tu sabiduría interna tiene que decirte.

La verdad es que podemos elegir. Viviendo de adentro hacia fuera nos pone en contacto con otra dimensión en nuestro fuero interno, y comenzamos a entender que las circunstancias externas no tienen nada que ver con nuestra habilidad de amar. Cuando dejamos que el amor guíe, seguimos lo que es bueno adentro de nosotros. Entonces no necesitamos declarar cualquier cosa que suceda en nuestra vida como "perjudicial" o "mala". Hay una frase sencilla: "Amo esto", que puede ser útil para acordarnos de mirar la vida desde esta perspectiva (la **Práctica 3: "Amo esto"** aparece en la próxima página.)

PRACTICA 3

"Amo esto"

A menudo son las herramientas más sencillas las que mejor funcionan. "Amo esto" es una de las prácticas más efectivas para llegar a un estado neutral y elevado, desde el cual puedes dejar que el amor guíe. Así es como funciona:

Pase lo que pase en tu vida, cualesquiera que sean las cosas que estén ocurriendo, los pensamientos o emociones que estés *experimentando*, ya sea que te guste lo que está sucediendo o no, acéptalo como *lo que es*, y di: "Amo esto". (Puedes agregar otras palabras, pero la esencia sigue siendo la misma: *"Me amo por estar haciendo esto"*. *"Me amo por estar pensando esto"*. O, si te encuentras en una situación difícil: *"Amo esta situación"*.)

Si te encuentras respondiendo a alguien de una manera emocionalmente reactiva, puedes decirte: *"Me amo por la forma en que respondí emocionalmente"*. Si estás trancado en tráfico, puedes decir: *"Amo estar trancado en tráfico"*, o *"Amo esta situación difícil"* o sencillamente *"Amo esto"*.

Lo sorprendente de este método es que funciona aún cuando no estés sintiendo ningún amor cuando lo digas. Lo único que necesitas hacer es repetir las palabras concientemente; o sea, prestar atención y estar totalmente presente cuando dices la frase.

Prueba esta práctica. Haz una declaración de amor cada vez que puedas, cualquiera que sea la situación en que te encuentres. Observa si algo cambia adentro de ti. Considera esta práctica como una aventura divertida y una exploración.

Por supuesto, si no te gusta esa idea, puedes decir: *"Amo esto"*.

Hay un cuento maravilloso, "Augusto", cuyo autor es Herman Hesse, ganador del Premio Nobel, que ilustra la importancia de vivir amando.

Se trata de una joven viuda que da a luz a un bebé al que llama Augusto. Un anciano mágico es su padrino y le ofrece a Elizabeth que pida un deseo para su hijo. Después de pensarlo mucho pide que todos amen a Augusto.

Augusto crece, y a pesar de que se porta mal, todo el mundo lo ama. Aunque obtiene fama y riqueza, se aburre. Cuanto más indulgente es consigo y más gente lo quiere, más vacío se siente, y más cosas quiere, hasta que eventualmente pierde toda la alegría y cae en la depresión.

Augusto se enferma y decide dar por terminada su vida envenenándose. Sin embargo, justo en el momento antes de que beba la poción envenenada, aparece milagrosamente su padrino y le cuenta a Augusto sobre el deseo que le concedió a su madre largo tiempo atrás, y que se ha transformado en una maldición. Le ofrece a su ahijado otro deseo y, después de mucho pensarlo, Augusto pide, con los ojos llenos de lágrimas, poder amar a otros.

El corazón espiritual siempre sabe la verdad. Cuando te preguntas cómo puede guiarte tu corazón espiritual, comienza por preguntarte: "¿Es ésta la acción adecuada para mí?"

Tan pronto como se le concede el deseo sus amigos lo abandonan y lo encarcelan por sus delitos previos. Cuando finalmente lo liberan, Augusto es un anciano enfermo. Decide pasar sus últimos años recorriendo el mundo, compartiendo su amor y ofreciendo servicio. Donde quiera que va, da con alegría lo poco que posee, a menudo no más que una sonrisa y una mirada de comprensión.

Un día, Augusto se encuentra frente a la casa de su anciano padrino. Su padrino le da la bienvenida y comenta lo bien que se ve Augusto, y cuán bondadosa y suave es su mirada. Mientras están sentados juntos, en silencio, Augusto muere, feliz y en paz.

Cuán a menudo creemos que si todos nos amaran, nuestros problemas se solucionarían y seríamos felices. El cuento de Augusto muestra lo contrario. El mensaje es sencillo: la mayor recompensa es vivir amando.

REFLEXIONES SOBRE AMAR

Al amor viviente no le importa si una persona es negra
o blanca, hombre o mujer, borracha o sobria, esto o aquello.
El amor viviente es una expresión del corazón espiritual,
que no conoce limitaciones, condiciones o restricciones.

Cuando miras a alguien a quien amas mucho,
puedes sentir este amor hermoso, claro, que fluye.
Cuando sabes que el amor perdurará sin que importe lo que
suceda en este mundo físico, ese amor es puro.
Cuando ves padres con niños pequeños o bebés,
a menudo los ves compartiendo la pureza del amor.
Su amor es tan poco complicado, tan poco exigente, tan puro.

Esa pureza es la esencia del amor.
Toma esa esencia y dásela a todos y a todo.
No pongas ningún límite.
Dar amor intensifica tu amor.

Cuando no amas, no vives la vida en su totalidad.
Si no vives la vida en su totalidad,
Dios no puede derramar la totalidad
de Sus energías a través de ti hacia el mundo.
Aquellos de ustedes que saben del amor interno
y que están tan llenos de él,
pueden dar de ese amor, para que otros despierten a él.
De esta manera la humanidad podría transformarse
en más tierna y amorosa.

No tienes que amar personalidades.
La gente no es su personalidad.
Tú no eres tu personalidad.
Sabes que no eres tu mente; cambia demasiado a menudo.
Tus emociones suben y bajan.
Tu cuerpo se avejenta rápidamente y aparecen
todo tipo de dolores y sufrimientos.

Entonces, ¿qué eres?
Eres amor viviente. Siempre lo has sido.
Deja que el amor te guíe hacia el despertar y
el descubrimiento de lo que ya eres.

CAPITULO 3

LOS MISTERIOS DE LO CONOCIDO

Tal vez no siempre tengas clara tu dirección,
pero si te sigues moviendo y dejas que el amor guíe,
la dirección se aclarará por sí misma.

Mucha gente habla de los misterios de lo desconocido. A mí me parece mucho más fascinante explorar los misterios de lo conocido. Como humanos, invariablemente sabemos qué hacer para mejorar nuestras vidas y, sin embargo, no lo hacemos. ¡Ese sí que es un gran misterio!

Vuelve atrás y recuerda el aspecto de tu vida (relaciones, salud, finanzas o profesión) donde hay la mayor cantidad de movimiento (**Práctica 1: ¿Dónde está el momentum?**, página 7.) Ahora, pregúntate qué es lo que sabes hacer en ese aspecto y que no estás haciendo en este momento.

Es importante tener en cuenta que estamos hablando de lo que sabes hacer. No lo que *piensas* que deberías hacer, no lo que *sientes* que deberías hacer, no lo que *crees* que deberías hacer, no lo que tu religión o tu familia te ha acondicionado para que hagas, sino de lo que *sabes* hacer.

Es probable que ya se te haya ocurrido algo. Digamos, por ejemplo, que la salud es tu mayor preocupación: *sabes* que eliminar los dulces te ayudará a bajar de peso. O si tus finanzas son una preocupación, *sabes* que guardar tus tarjetas de crédito y usar efectivo te impedirá incurrir en nuevas deudas. Imagina qué pasaría

La voz de tu amor se hace más clara a medida que practicas escucharla. Aprendes a dejar de lado las voces que no son del amor. De esa manera construyes una conexión con tu guía amoroso. Entonces puedes confiar en que el amor te está guiando.

si hicieras solamente una cosa que sabes hacer. Tal vez el mero pensamiento te provoque ansiedad o resistencia. Esa reacción es uno de los misterios de lo conocido.

Una vez que decidimos ignorar a nuestro consejero interno, a menudo vamos a pagarles a terapeutas y consejeros y asesores para que nos digan lo que ya sabemos (pero hemos ignorado). Y entonces ignoramos también sus consejos. Toda tu vida cambiaría si tuvieras la fortaleza interna para aceptar tu propio consejo desde el primer momento.

Una vez más, regresa al aspecto de tu vida que identificaste como el que tiene mayor movimiento. Ahora pregúntate: ¿Qué estás haciendo en ese aspecto que sabes que no hay que hacer? Continuando con el ejemplo de la salud, tal vez tengas en tu casa un plato con dulces para las visitas, pero eres tú quien se los come.

En realidad, es sorprendente cuánto sabes. No se trata de que siempre sepas la respuesta, pero sabes cuál es el próximo paso rumbo a la respuesta. Tal vez no puedas diagnosticar tus propios problemas de salud, pero sabes cuándo necesitas consultar a un experto que puede. La **Práctica 4: Escúchate**, que aparece a continuación, sugiere formas de trabajar con tu propio guía interno.

PRACTICA 4

Escúchate

Escuchando dentro de nosotros descubrimos lo que ya sabemos. A menudo la respuesta viene en un destello de intuición. Sin embargo, el hecho de recibir una respuesta no garantiza que sea válida. Algunas veces lo que pensamos que es intuición o guía espiritual proviene de nuestros pensamientos y emociones, nuestros anhelos y deseos, en lugar de provenir del amor.

Para averiguar si estoy escuchando la voz del amor yo hago dos preguntas:

- *¿La guía que estoy recibiendo promueve o aumenta por lo menos una de las siguientes cualidades: salud, riqueza, felicidad, amor, cuidado o compartir?*

- *¿La guía es de servicio o asistencia a otros en alguna forma?*

Si la respuesta a ambas preguntas es afirmativa, entonces me siento cómodo actuando en base a mi intuición.

A DISTANCIA

Si no puedes amar a alguien, lo mejor es decir: "No sé quién es". Esa es una declaración clara, precisa y honesta, porque si no amas a alguien, en realidad no sabes quién es.

La persona a quien criticas, a la que desprecias, es desconocida para ti. Amas a cualquiera que de verdad conozcas.

A menudo, cuando no hacemos lo que sabemos hacer, es porque estamos demasiado cerca del problema para verlo con claridad. Necesitamos dar unos pasos hacia atrás, o hacia arriba. Las frases que uso para recordármelo son: "Distánciate un poco de la situación" y "Aumenta la altitud".

Los astronautas que han estado en órbita dicen que ver el planeta Tierra desde allá fue una experiencia que los transformó. Al observar a nuestro hermoso planeta, con sus mares color aguamarina y con blancas nubes flotando a su alrededor, lo que vieron fue una armonía perfecta.

Imagínate por un momento que diez, veinte o treinta años atrás, uno de esos astronautas está en órbita en su nave espacial, maravillado de la belleza y armonía que está viendo. Entonces enfoca su telescopio en tu país, luego en tu ciudad, tu calle y, finalmente, tu casa. Y ahí estás tú, solo en tu dormitorio, llorando sin parar debido a una inmensa tragedia: tu novia (o novio) rechazó tu invitación al baile de fin de curso. ¿Cuál visión del mundo es la "correcta" en ese momento: el orden y la armonía perfecta que el astronauta está viendo, o el caos y la tragedia de tu vida?

Ninguna de las dos visiones está bien o mal en sí misma. Cuál es la "correcta" es una cuestión de perspectiva; depende de dónde estés. Así es con la mayoría de las cosas en la vida.

Si logramos tomar suficiente distancia de una situación, generalmente llegamos a "está bien". Un poquito de altitud, y podemos llegar al amor.

SER MULTIDIMENSIONAL

Cada día la experiencia nos demuestra que no somos solamente cuerpos que caminan por el mundo. Somos seres multidimensionales, conjuntos brillantes de mente, cuerpo, espíritu, imaginación y emoción, todos interactuando continuamente. Es más, tu ser multidimensional está interactuando continuamente con todos los otros seres multidimensionales que lo rodean. Algunas veces ni nos damos cuenta de cuánto nos influenciamos unos a otros en un nivel sutil, de energía.

¿Alguna vez has ido de compras a un supermercado o a una tienda grande, y has terminado sintiéndote agotado? Hay muchos pensamientos y sentimientos negativos que no vemos y que están flotando en el ambiente y, como imanes, atraemos la negatividad de otra gente. Eso, a su vez, puede afectar tu propia energía y tu estado de ánimo.

Es fácil implicarse en los sentimientos de otro. Digamos que estoy charlando con alguien que está alterado. Aún cuando esa persona no exprese exteriormente que algo no anda bien, me daré cuenta a un nivel inconsciente, y es probable que salga del encuentro sintiéndome incómodo. Tal vez asuma que la fuente de mi

Todo es ahora.

Este es el momento de la eternidad de Dios, ahora mismo.

La eternidad se transforma en el pasado y en el futuro, pero todo es ahora.

No existe un lugar en el que puedas pensar o estar que no sea parte de la eternidad.

La eternidad amorosa se expresa en este mismo segundo.

incomodidad está dentro *de mí* cuando, en realidad, podría no tener nada que ver conmigo. Sencillamente, "se me está pegando" la energía negativa de alguien.

Esto *no* quiere decir que si se me pega el malestar de otra persona voy a comenzar a pensar sus pensamientos. En cambio, lo que sucede generalmente es que su malestar entra en mi campo energético y me impacta a través de mis puntos de referencia personales. En otras palabras, comenzaré a pensar en los malestares que existen en mi vida, no en los de la otra persona. Tal vez comience a discutir mentalmente con la gente, o me enoje con relación a situaciones en las cuales generalmente permanezco neutral. Hasta puedo llegar a actuar de manera reactiva sin pensarlo. Lo que sucede es que la cólera de la otra persona está ahora actuando dentro de mi mundo. La cólera de esa persona está disfrazada de mi cólera.

Estos intercambios energéticos suceden constantemente. La clave para manejarlos apropiadamente es conocerte. Aprende sobre lo que te provoca, las situaciones y pensamientos que tienden a inducir una respuesta emocional adentro de ti. Entonces podrás discernir mejor si la fuente de un malestar emocional está dentro o fuera de ti. Si estás sentado en un restaurante disfrutando de una cena deliciosa y, de pronto, de la nada, comienzas a sentirte enojado, es muy posible que se te esté pegando la negatividad de alguien que está en la habitación.

Hay una técnica fácil y efectiva para deshacernos de la negatividad de otros cuando se ha introducido en nuestro organismo. Se llama Despejar, liberar y desconectar.

PRACTICA 5

Despejar, liberar y desconectar

Supongamos que estuviste con un amigo que está enfermo y que cuando te separaste de él sentiste pesadumbre en tu corazón, o que pasaste por un barrio peligroso, o que viajaste en un tren repleto de gente. Cualquiera de estas situaciones puede hacer que te sientas agotado o ansioso o angustiado.

Para despejar la negatividad de nuestro campo energético, no necesitas más que ponerte la mano sobre la frente y decir en silencio: "Despejar, liberar y desconectar mediante la Luz, para el bien mayor". Estas palabras declaran tu intención de separarte de la negatividad y regresar al confort de tu propio campo energético. Para aprender más sobre cómo trabajar con la Luz, lee el Capítulo 7: **Soltarlo y dárselo a Dios**, en la página 115.

> Préstale atención
> a tu guía interna,
> que es tu amor
> hablándote y
> guiándote.
> Pero nunca sigas
> ciegamente la
> guía que recibes.
> Verifícala.
> Es así como
> aprendes a tener
> fe en ti.

A medida que aprendes a conocerte mejor, serás más hábil para discernir qué es tuyo y qué es de otra persona. Pero hay otro nivel en el cual la energía sutil te afecta: el intercambio de energía dentro de tu propio cuerpo.

Como ha quedado demostrado a través de las investigaciones de la medicina que se dedica a la relación mente-cuerpo, cuando te enfermas, a menudo la causa no es estrictamente física. Si te resfrías, por ejemplo, puede ser que un trastorno emocional que sentiste hace una semana o diez días, haya sido un factor contribuyente; las emociones pueden reprimir la respuesta inmunológica, impidiéndole al cuerpo rechazar a un virus. Cada vez que no te sientas bien, vale la pena que dediques algo de tiempo a la reflexión. Pregúntate: *¿En qué he estado pensando? ¿Con quién he estado? ¿Me he sentido mal por algo? ¿Qué está sucediendo en mi vida emocional?* Es posible que la enfermedad te esté dirigiendo hacia partes de tu vida en las cuales hay conflictos que necesitas solucionar.

Al mismo tiempo, puedes excederte tratando de analizar las razones por las cuales no te sientes bien. Algunas veces la explicación es sencilla: has estado ignorando los principios básicos de la buena salud, como comer sano, descansar suficiente y beber mucha agua. Con nuestras vidas agitadas y sobrecargadas, es fácil descuidarnos física y emocionalmente. En nuestra cultura centrada en las computadoras, muchos estamos moviendo nuestros cuerpos menos que antes. Estamos sentados en nuestros escritorios todo el día y no hacemos suficiente ejercicio. Aún más serio que la falta de ejercicio es no dormir lo suficiente. La falta de sueño es un problema general en los Estados Unidos. La última encuesta de la *National Sleep Foundation* encontró que más de la cuarta parte de la población tiene problemas para dormir que son suficientemente serios como para que afecten su estado de ánimo, su desempeño y su salud en general. Ya sea por elección o por necesidad, estamos reduciendo la cantidad de tiempo dedicado al sueño a un mínimo. En los momentos culminantes de la industria de la computación, a la gente le gustaba jactarse de que estaban trabajando "24 horas al día, los siete días de la semana". Para mí eso era un anuncio del conflicto que se avecinaba. Una vida 24/7 es insostenible.

No des por la recompensa de dar. Da porque dar es parte de la naturaleza del amor. Haz lo correcto porque es correcto hacerlo. No es necesario que haya otro motivo más que el amor de hacer.

La mayoría de la gente estará de acuerdo con que no dormir lo suficiente reduce su eficacia y aumenta las posibilidades de tener accidentes. Pero las consecuencias a largo plazo de no dormir lo suficiente son aún más graves. Un artículo en *The Chicago Tribune* resumió los resultados de investigaciones recientes:

"Dormir menos con el fin de tener más tiempo para trabajar y disfrutar puede tener consecuencias más graves de lo que se pensaba, y puede ser tan peligroso para la salud como una mala dieta. Los científicos están dándose cuenta de que

dormir menos, que es lo que la mayoría de los norteamericanos están haciendo, hace estragos en hormonas importantes, posiblemente dañando células del cerebro, agotando las defensas del sistema inmunológico y promoviendo el crecimiento de grasa en lugar de músculo. También les preocupa que la falta de sueño pueda acelerar el proceso de envejecimiento".[1]

Podemos ignorar nuestros cuerpos, pero ellos no nos ignorarán. Hay un chiste que me gusta que lo deja bien claro:

Una mujer de cuarenta años largos tiene un ataque al corazón, y mientras está en el hospital tiene una experiencia de la muerte. Encuentra a Dios y le pregunta:

—¿Cuánto tiempo de vida me queda?

—Cuarenta y dos años, siete meses, tres semanas y dos días.

Cuando se despierta piensa: "Bueno, si voy a vivir tanto tiempo, vale la pena que se me vea tan bien como sea posible". Así que mientras está en el hospital se hace cirugía estética en la cara, se cambia la forma de la nariz, se arregla los párpados y el cuello, se aumenta el tamaño de los senos, se estira la piel del vientre y se hace liposucción en los muslos. Una vez que desaparece la hinchazón, se la ve fantástica. Cuando sale del hospital, mientras cruza la calle, un auto se la lleva por delante y muere instantáneamente.

Se encuentra nuevamente con Dios y, esta vez, está furiosa

—¡Dijiste que iba a vivir cuarenta años más!

¿Qué pasó?—le pregunta.

—¡Ay!—dice Dios—no te reconocí.

NO TE LASTIMES,
NO LASTIMES A LOS DEMAS

Otra cosa que sabemos que no hay que hacer es lastimarnos o lastimar a los demás. Y sin embargo dedicamos mucho tiempo a castigarnos por una cosa u otra. "No te lastimes, no lastimes a los demás" es una de las frases más importantes que aprenderás en este libro. Es un principio espiritual universal que tiene un efecto práctico enorme.

He aquí una situación que todos aquellos que conducen automóviles reconocerán como familiar. Digamos que alguien se te cruza adelante de manera repentina. Hay una tendencia a reaccionar y a enojarse con el otro conductor, particularmente si estás apurado. Pero esa persona no sabe quién eres, y probablemente no le importa.

Recibes amor cuando das, cuando haces servicio. Si dices: "¿Qué recibo a cambio?" estás creando obstáculos en tu camino.

Mientras tanto, ¿qué te ha hecho tu reacción a *ti*? Tu cuerpo respondió a tu cólera y a tu enojo como si estuvieras en estado de sitio. Tu mecanismo pelea-huída se activó, derramando adrenalina y otras hormonas relacionadas con el estrés en tu organismo. Como estás sentado en un automóvil, esos químicos cuyo propósito es ayudar a defenderte de un adversario, o alejarte corriendo de un peligro, no tienen dónde ir. Se están acumulando en tu organismo, causando una reacción tóxica.

La realidad es que no ayuda nada, ni a nadie, que te lastimes de esta manera. Hay otras opciones. De la misma manera,

Si alguna vez tienes la oportunidad de ayudar a alguien, hazlo. Esos actos de generosidad amorosa regresan a ti cuando los necesitas.

Amar es contagioso. ¡Qué maravilloso será el día que haya una epidemia!

no lastimar a los demás es la opción más amorosa, cuando se presenta la oportunidad. Algunas veces, aún cuando eres amoroso, la otra persona se siente herida u ofendida de todas maneras. (¡Si eso sucede, dale una copia de este libro!, y recuerda que no puedes controlar las reacciones de otra gente.) Pero puedes elegir a propósito no dañar a otros. Si todavía necesitas razones para practicar el principio "No te lastimes, no lastimes a otros", aquí hay dos: serás más feliz si actúas de esa manera y harás servicio a otros nada más que con tu presencia amorosa.

A medida que vas dejando de hacer cosas que te dañan, comienzas de manera natural a cuidarte mejor. Y a medida que te cuidas mejor, comienzas a sentirte más expansivo y a comunicarte más con los demás.

En algún momento, tal vez comiences a ver que la vida no es una situación en la cual se gana o se pierde. Es una situación de aprendizaje. Cuando algo o alguien te perturba, siempre puedes encontrar la forma de usarlo para tu educación, tu inspiración y tu crecimiento.

DE TENSION A MOMENTUM

Estamos aquí en La Tierra para aprender a jugar el Juego de Amar. Pero a menudo nos encontramos inmersos en frustraciones, obstáculos y tensión. Todos tenemos nuestros "favoritos." Tal vez estar parado en una cola interminable de gente, o trancado en tráfico, o confrontado con una autoridad no muy simpática sea el tipo de cosa que encuentras más frustrante.

En mi caso es cuando mi vuelo llega tarde, y estoy apurado para llegar a una cita importante, pero tengo que esperar en el aeropuerto a que me lleguen las maletas. ¿Te suena familiar?

Recuerda que hay sabiduría en el desequilibrio. El desequilibrio crea movimiento. Si la vida presenta lo que parece ser una situación sin salida, puede ser la oportunidad perfecta para preguntar: "¿Cómo puedo dejar que el amor me guíe en este momento?" Cuando las circunstancias externas parecen fijas o permanentes, la mayor oportunidad de movimiento está adentro, en la amplia gama de maneras que puedes elegir para responder a una situación. Tal vez requiera un poco de agasajo o juego, pero *podemos* desviar nuestros esfuerzos para tratar de controlar las circunstancias externas y, en cambio, llevarlas hacia una mayor cooperación, apertura y conciencia. El Juego de Amar nunca está totalmente fuera de nuestro alcance.

Yo se concientemente que cuando me pongo tenso con respecto a cualquier cosa la situación no cambia, pero veo que hay partes

> El *amor viviente es el servicio del momento. No tiene miedo. Puede abrirse y tocar y compartir sin abusar o corromper. Su sola presencia es una bendición.*

menos concientes de mí que necesitan educarse. Esas partes mías parecen abrirse y cooperar cuando uso el humor y el amar. He aquí un diálogo interno juguetón que practico conmigo mismo en situaciones en las cuales me estoy sintiendo frustrado o agitado; exagero los beneficios relativos de ponerme tenso, en lugar de distenderme, en respuesta a la situación que se presenta.

Es algo así:

Si me pongo tenso podré controlar
la situación con mayor efectividad.

Pero, si me pongo bien tenso, entonces podré
controlar la situación con mucha más efectividad.

Claro, podría relajarme, pero si lo hago seguro que perderé
el control, y la gente me juzgará por no hacer un esfuerzo.

Sin embargo, si me pongo tenso y me enojo, la gente se dará
cuenta de que estoy haciendo el mayor esfuerzo posible y no
me juzgará.

Una vez que he llegado a esta conclusión, me resulta fácil darme cuenta cuán ridículo es ponerme tenso cuando se presenta una situación. Si continúo exagerando el razonamiento sobre el que se apoya mi respuesta inicial, veo el humor y lo absurdo que es enojarme, y entonces me resulta fácil y natural cooperar, y elegir relajarme. Si logro relajarme, aunque no sea más que un poquito, significa un adelanto en mi dominio sobre las circunstancias externa, y puedo comenzar a trabajar con el *momentum* que transforma la tensión en relajación.

Puedes divertirte mucho con este tipo de diálogo interno cuando te encuentras en una situación que te resulta molesta. El humor y el juego estriban en *desafiar* a tu reacción convencional. Con conciencia y práctica podemos comenzar a reconocer el *momentum* en las circunstancias difíciles, y usar la oportunidad para descubrir cosas nuevas sobre nosotros en una manera expansiva. Nos resulta muy familiar reaccionar a este tipo de situaciones con frustración y tensión. No es necesario que vivamos así. *Podemos dejar que el amor nos guíe.*

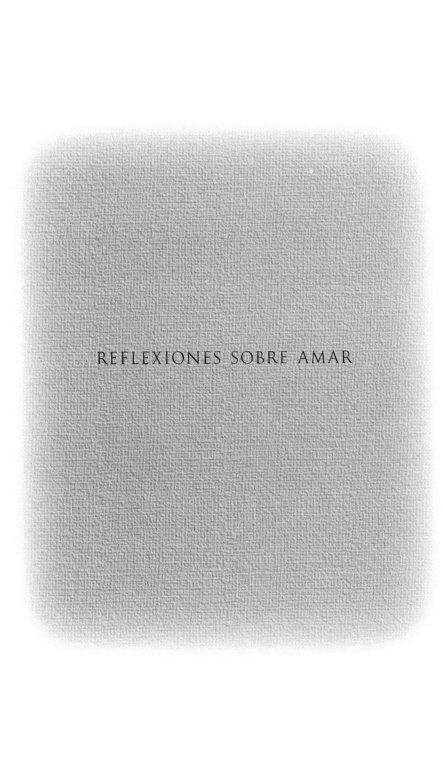

REFLEXIONES SOBRE AMAR

Cuando el amor se te acerca,
no lo rehúses pensando que no lo mereces.
Lo mereces, o el amor no se hubiera cruzado en tu camino.

La gente dice a menudo que el amor curará al mundo.
Pero eso no es exactamente cierto.
Es el amar lo que cura al mundo.
Amar es acción. Amar es manifestación.
Amar es movimiento.
Amar es la conciencia de dar.

Hay una parte de "tomador" en cada uno que dice:
"¿Y a mí cuándo me toca?" Eso es el ego hablando.
La forma más pura del amor es siempre incondicional.
No hay ataduras, no hay condiciones,
y no hay expectativas de recibir nada.
El dar es puro. Si das ciento por ciento y amas totalmente
no necesitas recibir nada. Si amas ciento por ciento
puedes curar cualquier cosa.

Cuando actúas desde el corazón,
desde el centro del amor,
no actúas a partir de la mente o las emociones.
No actúas desde el ego,
tratando de controlar a otros o
de forzarlos a que hagan algo.

Da amor. Da en silencio.
No le digas a la gente lo que haces.
En cambio, apóyalos con tu amor.
Es el mejor regalo de todos.

Si quieres amor puro,
entonces ve a donde reside el amor puro.
El amor puro es el Alma.
Está adentro de ti y no necesita interpretación.

Capítulo 4

ESTAR PRESENTE

Ahora es el único momento. Esto es todo.
Esto es todo lo que existe. Disfrútalo.
Puedes continuar teniendo
aspiraciones y planes y visiones;
ponlas donde las puedas manejar
con sentido de realidad,
y eso comienza aquí y ahora.

Casi todas las enseñanzas espirituales de la antigüedad dicen, de una forma u otra: Mantente presente. Mantente aquí ahora. Vive en el momento; este momento es todo lo que existe. La pregunta es: ¿cómo lo hacemos?

Estar concientes de nuestra respiración es una de las maneras más sencillas de mantenernos presentes. No importa lo que esté sucediendo en tu vida, siempre puedes dedicar un instante a enfocarte en tu respiración. Prestar atención a tu respiración te puede ayudar a relajarte y ubicarte de inmediato en el aquí y el ahora. Esta práctica, sugerida por muchas tradiciones espirituales, se puede llamar de varias maneras: completa atención, estar presente, o vivir en el ahora.

Como respiramos continuamente, tal vez preguntes ¿por qué es necesario que practiquemos? Lo que practicamos es estar concientes de la respiración. Entonces respirar se transforma en un ejercicio de concentración que no solamente enfoca la mente, sino que además aporta muchos otros beneficios curativos.

Los beneficios fisiológicos de respirar correctamente están recién comenzando a documentarse. Pero quienes practican la medicina con el enfoque mente-cuerpo vienen utilizando técnicas de respiración para tratar a pacientes con cáncer avanzado, a quienes sufren de trauma, y a chicos incapaces de concentrarse. Un artículo

Si mantienes una neutralidad amorosa hacia tus buenos momentos y tus malos momentos, un día te despertarás y te encontrarás viviendo en el corazón amoroso, y sabrás que todas tus experiencias fueron escalones de la escalera que te condujo allí.

que apareció en *Los Angeles Times* y que trata del estrés y la respiración, cita al médico James S. Gordon, profesor clínico de psiquiatría y medicina familiar de *Georgetown University School of Medicine*, y director del *Center for Mind-Body Medicine* en Washington, D.C.:

"Respirar despacio y profundamente es, sin lugar a dudas, la mejor medicina disponible contra el estrés. Cuando hace llegar el aire hasta la parte inferior de los pulmones, donde el intercambio de oxígeno es más eficiente, todo cambia. El corazón late más lentamente, la presión sanguínea baja, los músculos se relajan, la ansiedad disminuye y la mente se calma.

...Observe a la gente con quien trabaja, y verá tan poco movimiento en sus vientres que es un milagro que todavía estén vivos. Luego observe cómo respira un bebé, y verá que el vientre sube y baja, profunda y lentamente". [2]

En el mismo artículo, el médico Andrew Weil, profesor clínico de medicina interna en el *Health Sciences Center* de la *University of Arizona* y fundador y director de su *Program in Integrative Medicine* llegó a decir: "La técnica más sencilla y poderosa para proteger su salud es respirar".

Lo mejor de todo es que respirar no requiere equipo especial, no cuesta nada, y no requiere ser experto. Todo lo que requiere es que le prestes atención. (A continuación viene la **Práctica 6: Respirar.**)

PRACTICA 6

Respirar

Cuando te das cuenta de que te estás poniendo tenso o estresado, dedica un instante a enfocarte en respirar. Siéntate en silencio, permite que tu cuerpo se relaje, respira despacio y profundamente, y siente cómo el aire te llena suavemente la parte inferior del abdomen. No lo fuerces. Respira con naturalidad, sin esforzarte o empujar. Sigue a tu respiración a medida que entra y sale.

Es posible que en unos instantes comiences a sentirte "respirado". No estás haciendo ningún esfuerzo. La respiración se recibe y se suelta. Cuando tu mente se dispersa, lo cual es inevitable, regresa con suavidad a la respiración. La práctica de respirar puede atraer a tu vida alegría, paz y calma, sin necesidad de esfuerzos. Tal vez, también, aumentará tu conciencia de la conexión entre la respiración y el Espíritu. Cuando somos concientes de esa conexión, algo se expande adentro de nosotros. Enfocarnos en la respiración es un punto de entrada al amar que es accesible y está siempre presente.

Trata de desarrollar el hábito de hacer pausas cortas durante el día para respirar. Yo recomiendo tres pausas diarias, de por lo menos diez segundos cada una. Si es necesario, programa la alarma de tu computadora o de tu reloj para acordarte.

Estando aquí y ahora, puedes aflojar la tensión del estómago, relajar la mente, y permitir que se equilibren las emociones.
Tal vez descubras que te cae bien la persona que está sentada a tu lado. Comienzas a amar a cada uno.

Esta simple práctica puede hacer toda la diferencia en el desarrollo de una perspectiva mental y emocional más saludable. Prueba hacerlo con un grupo de amigos o colegas, y en un minuto o dos es posible que sientas el cambio de atmósfera en la habitación.

Practicar la respiración, ya sea solo o con otros, es una manera disponible de inmediato y efectiva de enfocar tu atención, abrirte a tu amor, y crear cambios positivos adentro de ti y a tu alrededor.

ENTONAR

Otra forma muy efectiva de enfocar la mente y abrirte a tu amor es entonar. Desde el comienzo del tiempo, grupos religiosos y espirituales han practicado la entonación de palabras sagradas, sonidos, oraciones y cantos. Entonar crea un campo de energía espiritual poderoso que puede cambiar tu conciencia. La clave es tu intención: una actitud de reverencia y amor que acompañe lo que estás entonando.

Los mantras son sonidos o sílabas específicos que invocan una esencia espiritual. Se dice que cuando entonas atraes esa esencia o vibración hacia tu propio ser. Yo recomiendo cantar el Jiú. Jiú es un nombre de Dios que usan el pali y el sánscrito, antiguos lenguajes sagrados del sur de Asia. Cantar el Jiú en silencio o en voz alta, solo o con un grupo, ayuda a crear armonía y te conecta al ámbito espiritual. Como sucede con otras prácticas que aparecen en este libro, no necesitas creer en nada en particular para hacerla. Prueba y ve si te sirve.

PRACTICA 7

Cantar el Jiú

Jiú es un tono sagrado. Es uno de los muchos nombres de Dios entonados por muchas tradiciones espirituales. Esta sencilla entonación te puede conectar rápidamente con el Espíritu y darte una sensación de paz.

Antes de comenzar siéntate en silencio por un momento, y permite que tu cuerpo se relaje. Pide que la Luz te llene, rodee y proteja para el bien mayor (revisa **Pedir la Luz**, página 125.)

Ahora comienza a emitir el sonido Jiú. Respira profundamente y al exhalar canta Jiúuuuuuu como una nota continua, hasta que te quedes sin aire. Repítela entre cinco y diez veces, cantando Jiú cada vez que exhales.

Entonces relájate por un momento, enfocando tu atención en el medio de la frente (a veces llamada el tercer ojo), o en la parte superior de la cabeza.

Cuando tu mente se desata en pensamientos o tu imaginación vuela en fantasías, puedes Cantar el Jiú o utilizar la técnica de la respiración para regresar al momento presente. Tan pronto como notes que tu mente se distrae, vuelve a llevar tu atención con suavidad hacia el objetivo de tu enfoque, el sonido o la respiración. Puedes repetir este proceso a menudo. Distraerse es parte de la naturaleza de la mente, así que ten paciencia contigo.

Cuando eras un bebé que estaba aprendiendo a caminar, no te regañabas cuando te caías. Te levantabas y probabas otra vez. Caerse es parte del proceso de aprender a caminar. Ese es el modelo de cómo aprendemos cualquier cosa, incluso cómo aprendemos a vivir. Se trata únicamente de volver al presente, una y otra vez. Amamos, luego nos olvidamos de amar, luego lo recordamos y amamos nuevamente. Cuanto más recordamos amar, más se convierte en un hábito. Se trata de estar presentes en cada momento.

OBSERVACION

A menudo leemos libros que tienen el propósito de ayudarnos y decidimos hacer cambios, para luego volver a lanzarnos de cabeza a la vida diaria, olvidando todo lo que aprendimos. Esto me recuerda un dicho Zen: "Como manejas algo es como manejas todo". Si de verdad le prestas atención a tu vida, aprenderás todo lo que te hace falta saber para ser más feliz y tener más éxito.

La observación es una técnica que es importante practicar. Te permite mantenerte presente, y así puedes ver todo lo que está sucediendo en tu vida con neutralidad amorosa.

Tomemos como ejemplo algo que todos sentimos de vez en cuando: impaciencia, y veamos cómo la observación puede cambiar nuestra experiencia. Cuando nos sentimos impacientes, queremos lo que queremos cuando lo queremos. La impaciencia nos distrae y nos impide ver la realidad de una situación. Nos enfocamos únicamente en cómo nos gustaría que fuera. Y tratar de hacer algo con nuestra impaciencia a menudo nos hace sentir más impacientes aún.

La solución es observar. Observa la situación, observa tus sentimientos, observa tu comportamiento. Observa neutralmente lo

> *No puedes subir la escalera si ignoras algunos de los escalones. Tienes que subir y tener la experiencia de cada uno de ellos. Los que evitas se transforman en lugares que te detienen, los lugares en los cuales te contraes.*
>
> *No puedes continuar hasta que tengas la valentía de pararte sobre cada escalón y, al amarlo, te elevas.*

Recuerda que este es un mundo de energía condicional, y a donde estás tratando de llegar es al amor que es incondicional.

Ese amor está siempre disponible, pero necesitas estar disponible para él, sin condiciones.

que está sucediendo, sin comentarios internos, sin juicios, sin tomar posiciones. Observa únicamente lo que es, no lo que sabes o no sabes sobre la situación. Mira la situación con nuevos ojos. A medida que continúes observando, eventualmente llegarás a un estado de calma interna y de satisfacción y tu impaciencia desaparecerá.

Observar no significa no hacer nada. La observación neutral es activa y dinámica. El poder interno que produce cuando la practicamos es tremendo.

EL PODER DE LA ATENCION

Cultivar una vida espiritual puede ser un desafío, porque nuestros cuerpos, mentes y emociones (y agreguemos las distracciones externas) compiten constantemente por nuestra atención. Puede ser difícil tener una vida calmada y más aún una vida interna. La idea de que la tecnología nos ahorra tiempo no parece ser la realidad. Casi todas las personas que conozco tienen menos tiempo disponible ahora que antes, y cada día sigue teniendo no más de veinticuatro horas. En lugar de decir que no tenemos suficiente tiempo, es más correcto decir que tenemos demasiadas opciones. Tan pronto como reducimos nuestras opciones, aparece más tiempo.

Pero adonde voy encuentro distracciones. Casi todos hemos pasado por la experiencia de estar con alguien en un bar o un restaurante donde hay una televisión prendida en la que aparece un evento deportivo. Mientras hablas con tu amigo, él mira el juego, y tú te preguntas por qué estás allí perdiendo el tiempo.

Puedes estar en el restaurante más hermoso y romántico, comiendo una comida deliciosa, pero si tu acompañante no te está prestando atención es muy probable que la salida sea un desastre. Por otro lado, puedes estar en un cafetín, comiendo comida mediocre, pero si tu acompañante te está dedicando total atención, la salida será fantástica.

> No *existe una razón que justifique que retires tu amor. Tienes la habilidad de pasar por alto la personalidad de la gente y continuar amando a cada ser humano por quien es. Puedes elegir no involucrarte con alguien que actúa negativamente, y continuar amando a la persona aún cuando no te guste la acción.*

En estas épocas, es muy inusual que nos prestemos total atención unos a otros. En cuanto hay un instante de silencio, aparece un teléfono o un bíper. Invariablemente, justo cuando vas a decir: "Te amo", suena el celular de alguien.

La calidad de la atención es particularmente importante cuando nos acercamos al Espíritu o a Dios. Cuando nos sentamos a meditar o a rezar, nos conviene poner toda nuestra atención en el momento. El desafío es que nuestras mentes, cuerpos, emociones e imaginaciones

La próxima vez que estés frente a un espejo, mírate. Mírate a los ojos. Si no te gusta lo que ves, no es más que otro aspecto tuyo al cual amar.

Si comienzas a sentir que la calidad del amor está desapareciendo o quedándose estancada, es el momento de parar y observar cuidadosamente qué estás haciendo. Tal vez se te olvidó amar donde estás. De verdad, de verdad, de verdad, debes amar todo lo que ves.

también quieren nuestra atención. Constantemente agitan las manos llamándonos y diciendo: "¿Y yo, qué?" Por fortuna, a Dios no le importa. El no nos llama la atención. El espera con paciencia hasta que le demos nuestra atención.

Sin embargo, algunas veces, las distracciones parecen abrumadoras. Tal vez te sientas a meditar y te parezca que el asiento no es el que quieres. Y te muevas un poco hasta que te sientas cómodo. Entonces, te viene sed. Te levantas a buscar un vaso de agua antes de empezar a meditar. Pero entonces necesitas ir al baño. Vas al baño, regresas, te sientas, y suena el teléfono. Te preocupas decidiendo si vas a contestar o no, y decides que vas a dejar que la contestadota reciba el mensaje. Entonces te preguntas quién sería que llamó, y te levantas a escuchar el mensaje y encuentras que era alguien que estaba tratando de que cambiaras de servicio de larga distancia. Te sientas una vez más y piensas para qué habrás perdido el tiempo levantándote. Al fin, te instalas otra vez, sentado en silencio durante un momento. Es entonces que suena la alarma avisándote que es hora de salir al trabajo.

Lo mejor de una perspectiva espiritual con respecto a la vida es que tenemos todo adentro. A donde vayamos, no importa lo que estemos haciendo, todo puede guiarnos hacia una vida espiritual enriquecedora. No se trata de estar sentados sobre el almohadón donde meditamos (aunque te puede servir, si le dedicas el tiempo). No se trata de estar con el grupo correcto de gente (aunque el compañerismo puede ser un gran apoyo). No se trata de qué ropa usas o qué dieta comes. No se trata de la forma de tu cuerpo o de donde vives o trabajas. No se trata de a qué iglesia, mezquita o templo perteneces, ni de cuán a menudo vas. Tú eres el templo, el lugar en el cual rendir culto. Todo lo que necesitas hacer para darte cuenta de esto es *poner atención.*

> No importa cuál sea el comportamiento, la apariencia o la presentación, todo ser humano está involucrado en su propio proceso de progreso espiritual. Su proceso es su derecho divino. Es mucho más valioso amarlos que juzgarlos o criticarlos.

REFLEXIONES SOBRE AMAR

Deja que cada relación amorosa que tienes
con otra persona viva fundamentalmente adentro de ti.
Si la ubicas en el mundo
experimentarás dificultades.

No hay relaciones "ahí afuera".
Todas tus relaciones están adentro de ti.
Lo de afuera no es más que un reflejo
de lo que estás haciendo adentro.

En última instancia, cada relación que tienes con otra
persona refleja tu relación contigo.

Amar se trata de dar de ti
ciento por ciento y en cada momento.
Si estás casado, dale ciento por ciento
al matrimonio y a tu esposa.

Si te cierras o pones condiciones en el matrimonio,
y reservas una parte de tu amor,
nunca sabrás lo que ese matrimonio pudo haber sido.
Nunca sabrás a dónde te podría haber llevado
la expresión del amor.

Si amas noventa y nueve por ciento
y no te lanzas al ciento por ciento,
terminarás sintiendo que te falta algo.
Algo estará faltando y tú lo sabrás.

Cuando investigas y exploras el amar ciento por ciento
no existen zonas desconocidas y, por lo tanto,
no existe el miedo.

CAPITULO 5

NO MAS VICTIMAS

*Siempre tenemos la oportunidad de amar a la gente
más allá de su comportamiento, de amarla
incondicionalmente, y luego darnos vuelta
y hacer lo mismo con nosotros.*

Jugar a ser víctima es uno de los juegos más grandes del planeta. Cuando permites que tus emociones y tu reactividad dicten la forma en que enfrentas la vida, es muy posible que te sientas como una víctima.

Es posible que estés seguro de que tus sentimientos son justificados, debido al dolor y a las adversidades que has soportado. Pero el dolor y las adversidades no te transforman en alguien especial. Todos pasamos por dolor y adversidades en la vida. En última instancia, eres tú quien te transformas en una víctima. Te transformas en víctima cuando dejas que las emociones guíen tu vida.

En cada situación difícil que no puedes controlar hay una sola opción práctica: *Hazla tuya de todas maneras*. En otras palabras, elige amar, o aceptar con todo tu corazón, lo que está sucediendo. Cuando *eliges* de manera activa lo que ya está sucediendo, pasas a ser el dueño de la situación y dejas de ser su víctima. Aún cuando todo es un desastre, si puedes decir: "No importa, amo esto y me amo", no sentirás que estás a la merced de las circunstancias de la vida. Es posible que necesites repetir "Amo esto" más de una vez antes de comenzar a sentirte mejor, pero una vez que empiezas no volverás a mirar hacia atrás. (Para encontrar otras formas de

Amate por ser "cabeza dura".

Amate por no poder tocar la guitarra y cantar y componer música.

Amate por ser "bueno para nada". ¡Eres un "bueno para nada" tan adorable!

Amate, aún cuando no sepas qué está sucediendo.

Aún cuando no sientas ganas de amar, ama el sentimiento de no sentir amor.

trabajar con esta frase, revisa la Práctica 3: "**Amo esto**", en la página 25.)

Este cuento demuestra cuán fácil es transformarnos en víctimas:

Cuando se entrena a elefantes pequeños, los entrenadores usan una cadena grande y la atan a la pierna del elefante, y luego atan la otra punta a una barra pesada de hierro que está anclada profundamente en la tierra. Y dejan que el elefantito tire y tire hasta que se dé cuenta de que no puede ir a ningún lado. Esto sucede a lo largo de dos o tres años. Entonces toman una pequeña estaca y la entierran, y amarran al elefante con una cuerda. El elefante, basándose en lo que aprendió con las experiencias pasadas, nunca trata de mover la estaca. Es así que un enorme animal se transforma en la víctima de un frágil pedazo de cuerda y está amarrado tan firmemente como lo estaría con cadenas de hierro. Cuando jugamos a ser víctimas, nos comportamos como el elefante. Y sin embargo todo lo que hace falta es mirar con nuevos ojos, pensar de una nueva manera, para quedar totalmente libres.

Los animales no tienen tantas opciones como los humanos. Pero nosotros sí tenemos opciones, y podemos elegir usar todo lo que sucede en nuestras vidas para inspirarnos y crecer. El cuento del elefante es excelente para ayudarnos a ver en qué aspectos estamos siendo víctimas del pasado. ¿Cuál es tu estaca? ¿Qué antiguo suceso o experiencia te mantiene atrapado?

✳ SER RESPONSABLE

Una gran parte de dejar de ser víctima tiene que ver con ubicarte en una posición de total responsabilidad por ti y por tu relación con los demás. Eso incluye ser responsable por tus sentimientos, pensamientos y acciones.

Estamos acondicionados para ver el mundo desde el punto de vista de lo que nos satisface. Y cuando las cosas no suceden como queremos, tratamos de encontrar algo o alguien a quien culpar. Tratar de controlar es una forma de jugar el Juego de la Vida, el juego más pequeño, tratando de hacer funcionar la vida. Pero, como dije antes, la vida ya funciona. Culpar a algo externo a nosotros es un intento poco afortunado de tratar de recuperar la sensación de control.

La verdad es que nunca tuvimos el control. Nunca tuvimos ningún control que perder. No tenemos control sobre nada que esté fuera de nosotros. La vida siempre sucede de acuerdo con sus propias reglas, no las nuestras. Cuando decidimos cooperar totalmente con la vida, puede parecer que estamos en control, pero la realidad es que estamos, sencillamente, fluyendo en armonía con la vida.

No hay forma de que te separes del amor y mantengas la libertad. La única libertad es amarlo todo.

✢ Puedes ser todo lo que quieres ser tan pronto como seas incondicionalmente incondicional.

Amar es la clave. Amar total e incondicionalmente.

Lo que sí podemos controlar es lo que está adentro de nosotros. No podemos hacer que alguien cambie su forma de pensar, pero nosotros podemos cambiar la nuestra en un instante. No podemos hacer que alguien nos ame, pero podemos elegir amar todo el tiempo. En lugar de tratar de controlar las cosas que están afuera de nosotros, podemos enfocarnos en el juego más importante, el Juego del Amor.

✢ Podemos vivir sin culpar a otros. Podemos permitirles que expresen su individualidad. No necesitamos insistir en que cambien: insistir en que otros cambien es una forma de pelear.

En verdad, todas nuestras relaciones residen adentro de nosotros. Las relaciones no están "ahí afuera"; son un reflejo de lo que está sucediendo en nuestras propias mentes y corazones. Las exigencias que proyectamos sobre otros son, a menudo, exigencias que nos estamos haciendo a nosotros. No es por casualidad que la mayoría de nosotros estamos tensos; llevamos encima el peso de nuestras expectativas, proyectadas sobre otros.

Para evitar jugar a ser víctima o culpar a otros, necesitamos mantener nuestras relaciones al día y presentes. Eso significa que necesitamos estar seguros de que no basamos nuestro comportamiento en lo que pasó anoche, la semana pasada o el mes pasado, o hace veinte años. Cuando lo liberas en tu fuero interno, puedes estar presente aquí y ahora con la relación sobre la que sí tienes control: la relación contigo mismo.

PERDONAR

❦ Una de las formas en que nos saboteamos y permanecemos paralizados en el pasado es con el "cuento" que nos decimos sobre nuestras vidas. Nuestra historia individual explica por qué somos de la manera que somos, dándonos las razones que necesitamos para justificar nuestro comportamiento. El problema es que el cuento es, en su mayor parte, ficción. Puede contener suficiente verdad como para hacerlo creíble, por lo menos en nuestras mentes. Pero cuando vivimos nuestras vidas basados en

"Buscad primero el reino de Dios... y todas estas cosas se os darán por añadidura".[3] Debido a una mala interpretación de esa frase, el hombre ha venerado a un Dios externo, buscando a Dios en el edificio de una iglesia, un templo, un tabernáculo, en la cima de una montaña, en el fondo del océano, en la luna, y así.

No escuchamos el resto de lo que nos dijeron, que es: "El reino de Dios reside en vosotros".[4] No se puede decir con mayor claridad.

nuestro cuento estamos, esencialmente, viviendo una ilusión. Para tener una vida auténtica necesitamos desmantelar esa ilusión, dejar atrás nuestra historia de restricciones y contracción.

En el mundo exterior puedes identificar cosas más objetivamente, y puedes conseguir que mucha gente acepte tu identificación. Puedes poseer un objeto definido y poner en él tus alegrías y esperanzas. Sin embargo, en algún momento puede ser que te des cuenta de que la satisfacción no está "ahí afuera". La satisfacción está adentro. Tu felicidad, tu bienestar, tu amor y tu éxito están todos adentro de ti.

Las cosas celestiales, las cosas invisibles, son las cosas espirituales que van a durar para siempre. Establécete en ese lugar. Está dentro de ti.

¿Cuál es el cuento que te haces para justificar por qué no tienes el éxito que deseas en tus relaciones, tu salud, tu finanzas o tu profesión? Ese cuento, ¿comienza con tu nacimiento? ¿Con tu infancia? ¿En años más recientes? ¿Está relacionado con la falta de cosas, como falta de suficiente amor, dinero o atención? ¿El problema tiene que ver con padres inadecuados, o persecución relacionada con tu raza, tus creencias religiosas o tu orientación sexual? (Cuando dudamos, siempre podemos culpar a nuestra religión, nuestra cultura o nuestras creencias para explicar por qué nos hemos cerrado y contraído.)

Cuando piensas en tu cuento, ¿cuáles son los temas que emergen constantemente? (Generalmente hay un punto en el cual comenzaste a sentirte como una víctima.) ¿Qué juicios hiciste, y tal vez sigas haciendo, sobre ti, sobre otros, sobre el mundo, sobre Dios? En otras palabras, ¿qué tiene carga negativa para ti en esos aspectos?

Perdonar es una herramienta importante para limpiar el pasado y poner tu cuento al día. Más específicamente, perdonarte a ti. Perdonarnos a nosotros es un concepto difícil de comprender, porque va en contra de nuestro acondicionamiento.

Para mucha gente, perdonar significa una absolución de algún tipo. Un sacerdote u otra autoridad religiosa te perdona por tus errores. O tú decides soltar tus sentimientos negativos con respecto a alguien por haberte herido de alguna manera.

Hay otra forma de ver el perdón, una que tal vez no hayas considerado. Desde este punto de vista, no perdonas a la otra persona por lo que piensas que te hizo; en cambio, te perdonas por el juicio que impusiste sobre lo que piensas que te hicieron. Y si eres tú quien hizo algo que no fue amoroso hacia otra persona, usas el mismo procedimiento, perdonándote por el juicio que impusiste a tu comportamiento.

Puedes decirle a alguien que piensas que te hirió: "Te perdono". Puedes pedirle disculpas a alguien a quien tú heriste. Pero en realidad, nada de esto es necesario. Dios ya ha perdonado a todos. La persona a quien juzgaste ya ha sido perdonada, y también nosotros hemos sido perdonados. Pero si seguimos manteniendo negatividad hacia alguien, entonces necesitamos perdonarnos. Aún cuando la otra persona ha desaparecido de nuestras vidas hace largo tiempo, seguimos llevándolos adentro de nosotros. Es en nuestro fuero interno donde necesitamos crear la paz. Al perdonarnos, el peso del juicio negativo desaparece.

Perdonarnos no es un acto de contrición o una penitencia. Es una perspectiva profunda y radical que conduce a soltar las tensiones y los problemas y las preocupaciones. Cuando enjuicias a alguien, estás llevando eso contigo. Es mucho más fácil soltarlo y perdonarte.

El trabajo de Dios es perdonar. Cuando observo la vida en el planeta, a menudo pienso que *nuestro* trabajo es mantener a Dios trabajando. (Por otro lado, tal vez Dios nos puso aquí para obtener el entrenamiento necesario para hacer *Su* trabajo.)

Tal vez te estés preguntando cómo funciona el perdonarse a uno mismo. La práctica que aparece a continuación te ofrece algunas sugerencias.

PRACTICA 8

Perdonar

Perdonar es una de las maneras más rápidas y efectivas de soltar disgustos, tensiones y juicios. Todo lo que necesitas hacer es perdonar*te* por los juicios que hiciste.

Perdonarte por tus juicios generalmente libera la carga negativa que impusiste sobre ti o sobre la situación. Para comenzar el proceso puedes decir: "Me perdono por juzgar…" y agregar una referencia a la persona o a la situación en cuestión. Cuando haces esto, a menudo encontrarás que, de manera casi milagrosa, algo se suelta adentro de ti y el peso que sentías desaparece.

Las declaraciones de perdón pueden ser generales: "Me perdono por juzgar a mi madre". Pero si no experimentas la sensación de liberación del juicio, ser más específico puede ayudarte: "Me perdono por juzgar a mi madre por no haberme comprado el par de zapatos que yo quería".

Tal vez hayas herido a alguien, por ejemplo herido sus sentimientos, pero la otra persona no es ya parte de tu vida y no puedes pedirle disculpas personalmente. En ese caso puedes decir:

"Me perdono por juzgarme por cualquier cosa que le haya hecho a _____

(incluye el nombre de la persona)

en _____ "

(pon una palabra o frase descriptiva)

¿Cómo sabes si has soltado el juicio? Tal vez suspires espontáneamente, o respires profundamente. Tal vez sientas una corriente de energía o de calor en el cuerpo, o una sensación de alivio. Cuando impones un juicio contra otra persona, lo llevas alojado en tu cuerpo. Perdonarte libera a la otra persona de tu campo de energía.

Programa pausas para perdonarte a lo largo del día. Dedica diez segundos, sentado en silencio, y perdónate por juzgarte y por juzgar a otros.

Si te observas con atención, te darás cuenta que tus partes oscuras emergen porque están buscando amor. Lo mejor que puedes hacer es darles amor. El poeta Rainer Maria Rilke escribió: "Tal vez todo lo terrible es, en su ser más profundo, algo desvalido que necesita nuestra ayuda".

Perdonar es una enseñanza esencial de todas las tradiciones de fe más importantes. Pero es más que un ejercicio espiritual. Hay pruebas médicas que indican que el perdón es bueno para tu salud. Un artículo en el sitio web de ABC News reporta los resultados de un estudio, que indican que cuando la gente perdona, su presión sanguínea disminuye.[5] Los individuos que tienen más dificultades para perdonar tienden a tener presión sanguínea alta.

De acuerdo con Carl Thorensen, director del *Stanford University Forgiveness Research Project*, en el pasado los escépticos han ignorado las investigaciones relacionadas con el perdón. Pero, sugiere, las nuevas conclusiones conducen a la aceptación del perdón como una forma viable de manejar conflictos. "El perdón no es solamente un concepto religioso; es algo que podemos y debemos esforzarnos para lograr," dice Thoresen. "Perdonar es el acto más valiente que podemos llevar a cabo."[6]

Se requiere un mayor nivel de valentía para perdonar a alguien que ha hecho algo particularmente hiriente. Pero perdonar no significa que excusas o justificas un comportamiento incorrecto. Es una forma de dejar atrás la carga del juicio y la herida que has estado llevando contigo, y seguir adelante. Como vimos anteriormente, cuando estás enojado, eres tú quien sufre. Thoresen lo resume cuando dice: "El resentimiento es el veneno que tú bebes, mientras mantienes la esperanza de que la otra persona muera". Así que haz las paces contigo y con todos los que te rodean. Por ejemplo, puedes perdonarte por juzgarte por no haber hecho algo tan bien como podías. Puedes perdonarte por juzgarte porque te has juzgado. Y te puedes perdonar por olvidar que eres un ser amoroso y espiritual.

A medida que te perdonas y sueltas, puedes decir: "Eso ya no es real, ya no existe, y mi vida comienza de nuevo en este momento".

UBICADO EN EL LUGAR PERFECTO PARA TU ÉXITO FUTURO

Mucha gente se considera la suma de su pasado, el resultado de todo lo que han acumulado a lo largo del tiempo. Es una forma de ver la vida.

Yo prefiero verla de otra manera. Desde mi punto de vista, la persona que soy hoy está ubicada en el lugar perfecto para mi futuro. El futuro, no el pasado, ha conspirado para ubicarme donde estoy en este momento, en este lugar, en esta posición en mi vida, para que pueda reclamar el potencial que me espera.

Tú también estás perfectamente ubicado para tu futuro. Desde esa perspectiva te puedes contar la historia de tu éxito. Tu éxito es hacia donde te guía el amor. Sé específico cuando describas tus éxitos en el aspecto que deseas mejorar. No dejes de lado nada. Ve, oye, siente tu nueva actitud y tu nueva perspectiva *como si ya las estuvieras viviendo*. Piensa en esto como en tu historia de expansión.

No seas el perdedor en tu fantasías. Sé siempre el ganador en tu fantasía, porque la estás inventando. No la inventes mal, invéntala bien.

Asegúrate de que esta fantasía es una fantasía exitosa. Adjudícale un final feliz. Una de las peculiaridades de la naturaleza humana es que, aún cuando las posibilidades son infinitas, porque son una fantasía, tendemos a imaginarnos perdiendo. A medida que creas tu historia siéntete contento, no, siéntete *feliz* cuando contemplas el mejor resultado para ti.

Es posible que ahora entiendas que creaste un cuento sobre tu pasado. Por supuesto que algunas cosas sucedieron, pero probablemente las adornaste, y luego creaste una filosofía para justificar tus decisiones y acciones. Ahora puedes crear un nuevo cuento, con una nueva filosofía, y comenzar a vivirlo.

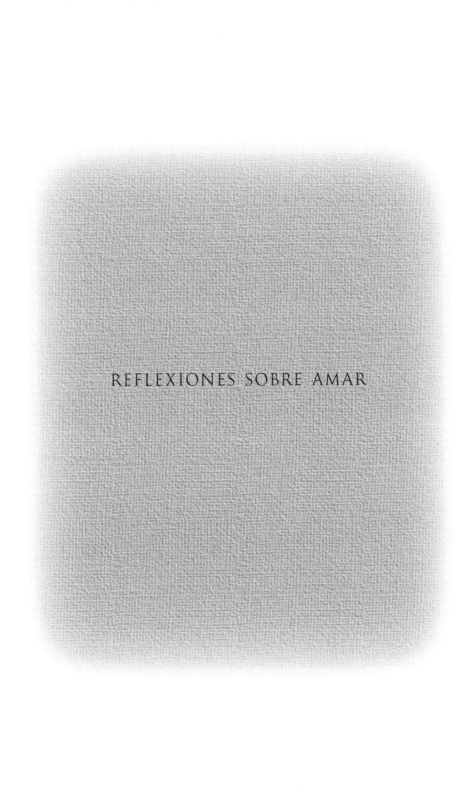

REFLEXIONES SOBRE AMAR

¿Amas a alguien porque lo amas,
o por la forma en que te ama a ti?
¿Amas a alguien por su personalidad, su cuerpo,
su comportamiento, su dinero o su posición en el mundo?
¿Tratas de controlar a quien amas
para que se comporte de la manera que tú deseas?

Los patrones de control que aprendemos
cuando somos muy jóvenes
a menudo se expresan inconcientemente
en nuestra vida de adultos.
Si un niño no se desempeña de acuerdo
con los estándares de los adultos,
a menudo los adultos le retiran su amor para que el niño
haga lo que es deseable, con el fin de recibir amor.

¿Cuántas veces has retirado tu
expresión de amor porque alguien no hizo
lo que tú querías, de la manera que tú querías?
No puedes ejercer control sobre otro
mientras estás en la conciencia de amar.

Aún en el medio del conflicto, puedes dejar que el amor te guíe.
He visto a un esposo y una esposa discutir
como si el conflicto entre ellos fuera catastrófico.
Y luego veía a la misma pareja al día siguiente,
y se estaban amando como si nada hubiera sucedido.

Algo sucedió.
Uno de ellos escuchó la voz del amor que llamaba, y la siguió.

La mayor parte de las discusiones entre
esposos y esposas tienen que ver con el amar.
El anhelo que existe bajo las palabras es generalmente
que la persona quiere ser amada como es:
sin exigencias de cambio, sin juicio.

Escucha al amor.
El amor sabe que tenías una buena razón para casarte,
y la razón era aprender a vivir y amar incondicionalmente.

CAPITULO 6

LAS BENDICIONES YA EXISTEN

*Aunque tal vez aún no lo sepas, el plan de Dios para ti,
para tu vecino, y para el mundo, es perfecto.*

La historia de Jacques Lusseyran, un héroe de la Resistencia francesa durante la Segunda Guerra Mundial, es un ejemplo extraordinario de cómo encontrar alegría en circunstancias difíciles, y cómo *no* sentirnos víctimas, no importa lo que pase.[7] Lusseyran tuvo una niñez idílica hasta los ocho años, cuando quedó ciego en un accidente en la escuela. Descubrió pronto que, a pesar de su ceguera total, podía ver un resplandor interno. Pero solamente podía ver la luz cuando estaba amando. Cuando la cólera, la impaciencia, la competencia o el miedo se apoderaban de él, la luz inmediatamente palidecía, o desaparecía totalmente.

Durante la Segunda Guerra Mundial, una vez que los nazis ocuparon Francia, Lusseyran se unió al movimiento de la Resistencia. Fue capturado y enviado al campo de concentración de Buchenwald. De los dos mil franceses internados allí, Lusseyran fue uno de solamente treinta que sobrevivieron. Más adelante escribió que su experiencia en el campo confirmó dos verdades importantes: que la vida de cada persona se define desde adentro, y que el miedo mata, pero la alegría apoya a la vida.

En Buchenwald, Lusseyran conoció a un anciano excepcional llamado Jeremy quien, a pesar de las miserables condiciones del campo, transmitía una presencia alegre y curativa. Jeremy se las arreglaba para no juzgar con dureza ni a la situación ni a sus captores . Lusseryan se dio cuenta de que los prisioneros que morían primero eran los que consideraban que estaban en un infierno. Por el contrario, Jeremy nunca se consideró una víctima, ni uno de los buenos que estaban en contra de los malos. Para Jeremy la vida en Buchenwald se trataba de seres humanos haciendo lo que hacen usualmente. Jeremy explicó que antes de llegar a Buchenwald, había visto gente que vivía con miedo y que se lastimaba. Lo mismo pasaba en el campo: la única diferencia era el lugar. Lo que Jeremy estaba diciendo es que Buchenwald está adentro de nosotros. Son nuestras mentes las que lo transforman en un infierno y alimentan sus horrores. Por lo tanto, tenemos adentro el poder de elegir algo diferente.

De alguna manera Jeremy tenía los recursos internos necesarios para encontrar alegría en el medio del horror. "La encontraba durante momentos del día en los que otros solamente encontraban miedo", recordaba Lusseyran. Llegó a la conclusión que Jeremy había logrado romper el hábito del juicio que nos lleva a pensar que la adversidad es algo "malo" y a sentirnos víctimas de ella. "Había llegado a tocar la parte más profunda de sí mismo y liberado...lo esencial, eso que no depende de ninguna circunstancia".

El psiquiatra Victor Frankl, autor de *El hombre en busca de la comprensión*,[8] también pasó tiempo en campos de concentración durante la Segunda Guerra Mundial. A partir de su experiencia en Auschwitz, desarrolló una forma de tratamiento terapéutico llamado logoterapia, proveniente de *logos*, la palabra griega que se traduce como lo que brinda comprensión, y que nos sugiere que observemos nuestro sufrimiento para encontrar en él un propósito más valioso para nuestras vidas. Frankl dijo que no deberíamos perder el tiempo cuestionando la vida, preguntando: "¿Por qué me pasa esto a mí?" En cambio, debemos permitir que la vida nos cuestione.

Así es como esto podría suceder en una situación de la vida diaria. Digamos que estás trancado en el tráfico. En lugar de preguntar: "¿Por qué hay tanto tráfico?" podrías considerar la pregunta que surge de la situación: "¿Cuán paciente puedo ser?" Vista desde esa perspectiva, aún la más frustrante de las situaciones se transforma en una oportunidad de observar y aprender.

El primer mandamiento es amar a Dios. El segundo es amar al prójimo.

Un campo de concentración es un ejemplo extremo de dificultad. Pero las experiencias de sobrevivientes como Lusseyran y Frankl nos enseñan una verdad importante y básica: no siempre *podemos* elegir nuestras circunstancias, pero sí podemos elegir nuestra actitud hacia ellas. En todo momento podemos elegir hacia dónde dirigir nuestra atención: hacia ser víctimas, o hacia vivir en nuestra esencia amorosa.

Una y otra vez oímos hablar de gente que se fortaleció debido a la adversidad, y que llegó a un lugar de amor a pesar de sufrimientos inimaginables. El desafío es descubrir el regalo, la alegría, en cada nueva situación a medida que la vida se revela a sí misma; es decir, encontrar una oportunidad de inspiración, aprendizaje y crecimiento.

ACEPTAR: LA PRIMERA LEY DEL ESPIRITU

La mayor parte del sufrimiento de los humanos surge de la brecha entre donde pensamos que *deberíamos estar* y lo que *es*.

Es allí donde encontramos los problemas sin resolver, las preocupaciones, las quejas y los juicios sobre la injusticia de la vida, así como nuestras fantasías sobre cómo nos gustaría que fueran las cosas.

Siempre podemos encontrar buenas razones para nuestro comportamiento: necesitamos el dinero, nuestras familias lo esperan, se lo debemos a la sociedad, etc. Nuestros cuentos y razones y excusas siempre son "perfectas" y también lo son las de todos los demás. Cuando alguien hace algo que no te gusta, puedes estar seguro de que tiene una explicación perfecta, tal como lo haces tú con tu comportamiento.

Aceptar se ha llamado la primera "ley" del Espíritu, y con buena razón. Si puedes aceptar *lo que es*, no hay conflicto en la vida. No hay problemas. No hay historias. Aceptar una situación exactamente como es, hace desaparecer la brecha entre *lo que debería ser y lo que es*.

La idea de aceptar a menudo va seguida de muchos sí, pero: "*Sí, pero* si acepto las cosas con pasividad, el mundo se acabará". Es posible que ya tengas tus objeciones preparadas. Pero si te puedes permitir aceptar de verdad, aún por unos pocos segundos, encontrarás de inmediato la salida del dilema creado por tus "debería".

Aceptar no es un estado pasivo. Nada de eso. Aceptar es activo porque requiere que prestes mucha atención. Aceptar comprende infinitas sutilezas y tonalidades. Cuando de verdad atraviesas el umbral de la aceptación, encontrarás de inmediato alegría y paz. Estarás en el ahora. Te encontrarás en tu amor.

Cuando hacemos grandes esfuerzos para lograr lo que queremos, a menudo nos encontramos en una situación que produce tensión. Cuando aceptamos, soltamos la tensión y la resistencia, y permitimos que los resultados nos lleguen de manera natural.

Mucha gente encuentra la aceptación en el momento antes de morir. Lo suelta. Nada la molesta. Encuentra la paz y el amor brilla en sus ojos. Estar en su presencia es una bendición.

¿Es necesario que esperemos al momento de morir para descubrir la bendición de aceptar?

Parece fácil amar a Dios, hasta que te das cuenta de que para amar a Dios tienes que amar todo, incluyendo al prójimo. El prójimo puede irritarte y molestarte, y esa irritación cierra la puerta de tu propio paraíso interior.

Cuando amas tanto al prójimo como a tu irritación, las puertas se vuelven a abrir.

REFLEXIONES SOBRE AMAR

Cuando eliges aceptar en lugar de exigir cambio,
cuando eliges apoyar en lugar de criticar,
cuando eliges el amor en lugar del dolor, entonces
algo adentro de ti se levanta y celebra.

Puedes sentir que tu corazón va a explotar con
la plenitud de amar. Entonces,
en lugar de tratar de controlar una relación,
encontrarás que puedes soltar y
estar en la relación.

No tienes nada que hacer, excepto ser natural,
y el acto más natural, más cercano a Dios es,
sencillamente, amar.

¿Alguna vez te pareció que lo único bueno
del sufrimiento es que se acaba?

Cuando dejas de sufrir sientes que has aprendido algo,
y piensas que el sufrimiento fue bueno para ti.
Pero podrías haber aprendido sin sufrir.

¿Cómo sueltas las cosas que hay en tu
conciencia que ya no te sirven?
La respuesta es: ábrete al amor más grande.
El amor se internará en ti y revolverá el dolor
que has bloqueado aún de ti. Cuando se revuelve,
comenzará a salir a la superficie y a liberarse.

Tienes la habilidad de elevarte.
No te contraigas de tus experiencias. Bendícelas. Amalas.
Son tus escaleras hacia la expansión y la conciencia elevada.

No es necesario que fuerces tu despertar o apures
tu desarrollo. Puedes, en cambio, ayudar el proceso
amándote en cada momento y tratando a la gente que
te rodea con bondad y honestidad.

Cuando confrontas los desafíos de la vida
elévate al punto más alto adentro de ti, que es el amor.
Es allí donde encontrarás la llave del Reino.

Pero hay una trampa.
El amor debe incluir todas las cosas.
Debes amar tu depresión, amar tu desesperación,
amar tu cólera, amar tu confusión y amar tu enfado.

Si provocas irritación a la gente,
ama a la irritación y a la gente.
A veces eres un maestro de la irritación.
¿No preferirías ser, en cambio, un maestro del amor?

Capitulo 7

SOLTARLO Y DARSELO A DIOS

Para poder expandirte hacia un nivel más elevado de conciencia necesitas tener menos cosas que te mantengan atado aquí. Debes soltarlas.

La mayoría de nosotros estamos viviendo uno o más sistemas de creencias: el de nuestros padres, el de nuestra religión o, por lo menos, el de nuestra cultura. Lo que llamamos nuestras creencias son, casi siempre, creencias que hemos heredado de otros. La espiritualidad práctica nos pide que examinemos todas nuestras creencias y las hagamos pasar por una sencilla prueba: *¿Me sirve esta creencia?* Lo que quiero decir es, ¿le agrega algo positivo a tu vida? ¿Te da una sensación de expansión?

Sabrás intuitivamente cuando una creencia no te sirve porque experimentarás contracción en tu conciencia. La contracción se manifiesta a menudo como tensión o malestar, y hasta como enfermedad física. Cuando estás experimentando contracción, prueba el siguiente ejercicio:

Pregúntate: ¿Qué es lo que ya no me sirve? Sólo porque algo te sirvió en el pasado no significa que te siga sirviendo.

Entonces haz una lista de todo lo que no te sirve.

Imagina soltando una de esas cosas.

¿Qué soltarías? ¿Puedes soltarlo ahora?

Cuando te despiertas cada mañana, puede ser una buena idea que pidas que la paz de Dios te acompañe y que toque todo lo que tú toques ese día. Si pides abrirte a la armonía con Dios cada día, la calidad de tu vida cambiará.

Si eres uno con la conciencia de Dios, nadie podrá ponerse en tu contra.

No importa lo que haya sucedido en tu vida, no es necesario que sigas acarreando la experiencia. Soltar el pasado, ubicarte en el presente y hacer que este momento te sirva es importante para tu salud y tu bienestar.

SOLTAR EL CONTROL

Reconocer lo que sigues acarreando es el primer paso esencial para soltarlo. La negación no hace que algo desaparezca. En verdad, el acto de negar algo en realidad afirma su existencia, porque le estás poniendo energía. Si, por ejemplo, derramaste algo en el piso y no te molestas en limpiarlo, cada vez que lo ves necesitarás dedicar energía a darle la vuelta y no pisarlo. De la misma manera, negar una pérdida o una molestia o una desilusión requiere que inviertas mucha energía mental para evitar el tema.

Debes arriesgarte a soltar lo que no te sirve, para poder así entrar al ámbito de lo que sí te sirve. Cuando te permites soltar los pensamientos y emociones negativas, creas un espacio que se puede llenar con tu amor.

Tal vez hayas oído la expresión: "Suéltalo y dáselo a Dios". Suéltalo es una forma de decirte: "Tranquilo. No eres el que tiene el control". Dáselo a Dios es una forma de decir: "Ten paciencia. Todo se arreglará".

Suelta el dolor y la culpa, y dejarán de manejarte.

Dios ya está presente en tu interior. Sólo necesitas tener paciencia mientras la verdad se te revela. A medida que te relajas y escuchas adentro, comenzarás automáticamente a entrar en armonía con la presencia de Dios. Con esa conciencia, puedes empezar a dejar que Dios se haga cargo. A medida que "dejas que Dios" se haga cargo de tu vida, los problemas del mundo exterior tendrán menos poder sobre ti, y experimentarás más amor y te será más fácil perdonarte y perdonar a otros. Soltarlo y dárselo a Dios conduce a la libertad interna.

PRACTICA 9

Soltarlo y dárselo a Dios

Soltarlo y dárselo a Dios es otra forma de decir: "Tranquilo, ten paciencia". Comienza prestando atención a tu respiración. Al mismo tiempo que el aire entra en tu vientre, suelta. Relaja los hombros, alinea tu cuerpo con el flujo de la gravedad, y deja ir cualquier tensión a través de tus pies hacia la tierra.

Deja que tu cabeza "flote" sobre tus hombros.

A medida que relajas el cuerpo y te enfocas en tu respiración, es extraordinario con qué rapidez llegarás a un lugar de paz dentro de ti. Este es el primer paso para conectarte con tu espíritu, para entrar en armonía con la presencia de Dios.

Puedes percibir la presencia del Espíritu en el cambio de calidad de la energía que te rodea. Cuando estás en armonía, es natural que todo ande mejor, en tu interior y a tu alrededor.

Cuando quieras llamar a Dios, todo lo que necesitas hacer es sentarte en silencio y escuchar. Si no pasa nada y tu única experiencia es la quietud, eso también es maravilloso. Dios está en esa quietud.

PARA EL BIEN MAYOR

La oración tiene tantas connotaciones religiosas que nuestros preconceptos pueden impedirnos ver cuán sencilla y efectiva puede ser. En pocas palabras: la oración funciona. No es necesario que sea complicada, ni hace falta seguir un ritual. Una oración puede contener tres o cuatro palabras. Hay gente que obtiene resultados extraordinarios con oraciones sencillas. Un ejemplo de una oración sencilla es: "Dios, ayúdame con mi salud". Repetir esa oración por lo menos una vez al día durante un mes puede tener resultados sorprendentes.

Las investigaciones científicas sobre la oración, cada vez más frecuentes, confirman su poder. En muchos casos los resultados positivos no se asocian con ninguna tradición religiosa en particular. Un ejemplo es un estudio, ahora famoso, que implicó a cerca de cuatrocientos pacientes con problemas del corazón en el *San Francisco General Hospital*.[9] A la mitad de los pacientes se le dio lo último en tratamiento médico de alta tecnología, y a la otra mitad se le dio el mismo tratamiento, pero además recibió oraciones. Ni los pacientes ni el personal médico que los trataba sabía cuáles pacientes recibían oraciones.

La naturaleza amorosa atraerá cosas de naturaleza amorosa.

La Luz en ti atraerá la Luz de otros.

No tengas miedo de tomar a alguien de la mano.

No tengas miedo de abrazar a la gente.

Comparte el amor.

Regálalo.

El resultado será que habrá más amor en ti.

Los resultados fueron extraordinarios. En casi cada uno de los aspectos, los pacientes que recibieron oraciones obtuvieron mejores resultados que los pacientes que sólo recibieron tratamiento médico. El grupo que recibió oraciones se recuperó antes y tuvo menos muertes, y aún aquellos que murieron durante el curso del estudio reportaron una mejor calidad de vida y más felicidad en los días antes de su muerte que los pacientes que no recibieron oraciones.

Tal vez asumas que cuanto más específica sea la oración, mejor sean los resultados. Pero las investigaciones han demostrado que, aunque las oraciones específicas y detalladas pueden recibir resultados, la oración no específica, general, es aún más efectiva.

Una oración general puede ser algo así: "Hágase tu voluntad". En otras palabras, pones los resultados en manos de Dios, teniendo fe en que el resultado será el mejor para todos los involucrados en la situación. Las investigaciones demuestran que la oración no específica es entre dos y tres veces más efectiva que la específica. No importa cuán seguros estemos de lo que necesitamos, Dios siempre termina sabiendo más.

Al final de cada oración siempre agrego la frase: "Para el bien mayor de todos los involucrados". A veces la acorto, y digo solamente: "Para el bien mayor". Cuando digo esas palabras, estoy aceptando que no sé qué es lo mejor para mi, pero que una inteligencia superior sí sabe. He oído a la gente decir: "Esto, o algo mejor, para el bien mayor", como una forma de reconocer que Dios puede tener planes mucho más grandiosos para nosotros (o para otros) que los que nosotros, con nuestras mentes limitadas, humanas, podamos imaginar.

Poner en manos de Dios el resultado de nuestras oraciones impide que nuestros egos interfieran, y nos ayuda a evitar tratar de manipular las circunstancias para que nos beneficien, a costa de otros.

PRACTICA 10

Oración

¿Cuál es tu oración en este preciso momento?

Mantenla sencilla. La oración no necesita ser complicada.

Recuerda, no es necesario que incluyas todos los detalles. Todo lo que hace falta es que pongas la situación en las manos de Dios, y dejes que Dios se ocupe de los resultados. Al final de tu plegaria puedes agregar la frase: "Para el bien mayor de todos los involucrados", o nada más: "Para el bien mayor", como una forma de reconocer que tal vez no sepas qué es lo mejor en esta situación, pero un poder superior sí lo sabe.

Prueba repetir tu oración por lo menos una vez al día durante este mes. Observa si te sirve. Decir una oración diaria corta tal vez te parezca ridículamente fácil, pero puede ser que te sorprenda cuánta disciplina requiere. La oración implica no solamente las palabras que dices, sino también cumplir con tu compromiso de decirlas cada día, sin fallar ni uno.

LA LUZ

Existe una tendencia a pensar que si nos preocupamos lo suficiente con respecto a una situación, podemos cambiarla. Es mi experiencia, sin embargo, que preocuparse no es muy efectivo para cambiar algo. En realidad, puede aumentar la tensión en el cuerpo, la mente y las emociones, lo que puede resultar en que te sientas peor. Si te preocupas demasiado, puedes enfermarte. Y si te enfermas, otras personas necesitarán cuidarte. Así que, preocupándote, puedes crear más problemas que los que estás tratando de resolver.

Para encontrar la paz interna, a menudo es necesario silenciar nuestra voz, para que puedas oír la voz del amor adentro de ti

Es mucho más fácil darle los problemas a Dios, o a la Luz. Puedes tomar un problema o una situación y decir: "Pongo esto en la Luz, para el bien mayor". Es asombroso qué liberador es hacerlo.

Cuando me refiero a "la Luz" estoy hablando de la Luz más elevada y pura que existe. Esta Luz es una fuerza espiritual, una emanación de Dios que puede ser usada como una herramienta práctica en el vivir diario. La Luz está presente en todos lados y en todas las personas. Está siempre a tu disposición. Pero para recibir asistencia de la Luz es necesario que la pidas. Como esta Luz está en todos lados todo el tiempo, cuando "pides" la Luz lo que estás haciendo, en realidad, es pidiéndote a *ti* que estés presente con la Luz. Enfocas tu conciencia sobre la Luz. En ese aspecto, trabajar con la Luz es similar a la práctica de respirar. Siempre estás respirando, pero prestar atención *concientemente* a tu respiración puede transformarte. Lo mismo sucede con la Luz.

A medida que entras en armonía con la Luz, repetir en silencio: "Pido la Luz para el bien mayor" te proveerá una forma de apoyo o protección. Si hay situaciones o gente que te inquietan, ponlos en la Luz y déjalos ir, confiando en que la Luz está en ellos. Es posible que cuando vas liberando problemas en la Luz, sientas cómo desaparecen de adentro de ti y te sientas mucho más libre.

Puedes trabajar con la Luz en cualquier momento (revisa Pedir la Luz, a continuación). Pero como sucede con la práctica de la oración, cuando usas la Luz es siempre mejor que tu intención sea para el bien mayor.

PRACTICA 11

Pedir la Luz

Pedir la Luz es una herramienta muy efectiva y práctica para soltar tus preocupaciones e inquietudes. Es una forma de estar presente con la fuerza espiritual de Dios. A continuación aparece una oración para pedir la Luz que puedes decir al comienzo de cada día, o en cualquier momento que necesites mayor claridad o apoyo en tu vida.

Comienza sentándote en silencio y dedica unos pocos segundos a relajarte con la respiración. Deja que tu mente y tu cuerpo descansen. Ahora, en silencio, repite las siguientes palabras (o usa tus propias palabras):

Querido Dios, te pido en este momento la Luz de Dios, la Luz más elevada y pura, para que esté conmigo ahora, que me rodee, me llene, llene esta habitación o este espacio para el bien mayor. Te pido que la Luz vaya delante de mí este día, para que pueda crecer internamente y soltar cualquier cosa que ya no me sirva. Pido que mi corazón esté abierto para amar. Pido que la Luz sea enviada a quienes amo, para el bien mayor.

Si hay ciertos individuos a los cuales quieres poner en la Luz, puedes decir sus nombres en silencio. Si tienes conflicto con algún problema en particular, puedes poner esa situación en la Luz. Una vez que has puesto un problema o inquietud en la Luz, puedes soltarla, sabiendo que la Luz está en ella y que ya no necesitas ocuparte más. (Si la situación regresa a distraerte una vez más, puedes volver a ponerla en la Luz).

Cuando has terminado de poner gente y situaciones en la Luz, puedes dar por terminada tu oración con las siguientes palabras: *Pido todo esto con amor y doy gracias.*

Enviar la Luz para el bien mayor a una persona o situación, y hasta a un país, puede ser un gran servicio. Si te preocupan los problemas del Medio Oriente, por ejemplo, en lugar de lamentar cuán terrible es la situación, puedes hacer algo práctico enviando la Luz: "Para el bien mayor, pido que la Luz sea enviada al Medio Oriente". En efecto, enviar la Luz no es más que elegir utilizar tu propia naturaleza de servicio para ayudar.

Tal vez te preguntes, ¿cómo sabemos si enviar la Luz ayuda o no? La única respuesta es la experiencia práctica. Como vimos, la oración funciona aún cuando la persona por la que se reza no sabe lo que está sucediendo. En una situación tan compleja como el conflicto del Medio Oriente, puede ser difícil ver resultados directamente, pero eso no significa que no esté pasando nada. A medida que usas más y más la Luz en tu vida, comenzarás a notar cambios, y podrás utilizar tu propia experiencia.

REFLEXIONES SOBRE AMAR

No resistas la negatividad adentro de ti. Amala.
Amarla purifica y elimina cualquier negatividad.

Si tienes un pensamiento negativo,
ama la idea de tener un pensamiento negativo.
Esa es la forma de convertir un obstáculo
en un peldaño que te ayude a elevarte.

O puedes decir:
"No necesito recorrer este camino" y entonces no lo haces.
En cambio, puedes dejar que el amor te guíe en otra dirección.

Tienes el derecho de la dirección.
En realidad, una vez que dejas que el amor guíe,
es tu obligación. Si no cumples con esta obligación,
serán las consecuencias las que te guíen.
Las consecuencias son tus reacciones, en lugar de tus acciones.

Ama tus consecuencias.
Son tu oportunidad de aprender.
Son tu oportunidad de adquirir sabiduría.
Son tu oportunidad de identificar
apropiadamente cuál es la verdad.

Cuando te aíslas,
puedes deprimirte porque extrañas
el amor que experimentaste antes.
Si no puedes estar en contacto y compartir el amor que
está presente para ti, entonces comparte
tu depresión y tu ansiedad.
Trata tu amor y tu depresión como iguales.

Ansiedad, amor, depresión y felicidad,
todos deben tratarse de igual forma. Cuando lo haces,
no puede existir un lugar para algo "mejor" o "peor"
adentro de ti, así que el juicio deja de tener
poder en tu conciencia.

Cuando tratas tu depresión de la misma
manera que tratas tu amor,
entonces ninguno tiene más poder que el otro
y eres libre para elegir la expresión que quieres.

Capítulo 8

UNA PERSPECTIVA ESPIRITUAL

*Aquel al que has estado esperando ya está aquí,
y ha estado aquí durante mucho tiempo. Tú eres el ser
espiritual que has estado tratando de encontrar.*

Como dijo una vez el científico y místico jesuita Teilhard de Chardin, no somos seres humanos que estamos pasando por una experiencia espiritual; somos seres espirituales que estamos pasando por una experiencia humana. Esa observación es un recordatorio poderoso de que la manera en la que nos definimos tiene como resultado la manera en que experimentamos la vida. A menudo a la gente le resulta más fácil verse como un villano que como un héroe. Pero asumamos, por un instante, que eres un ser divino, un ser espiritual que está pasando una experiencia humana. Y asumamos que tienes poderes divinos. Llévalo un poco más lejos y asume que eres un *superhéroe* con *superpoderes*.

¿Qué superpoderes posees? Tal vez te sientas tentado a contestar: "¿Qué superpoderes? Ni si quiera puedo lavar la ropa a tiempo cuando la necesito". Pero recuerda, eres un ser divino, y es tu herencia divina tener ciertos poderes. Uno de esos poderes es elegir. Ese es un poder asombroso. Algunos de los otros son: el poder de amar, por ejemplo, y el poder de perdonar.

Piensa sobre cómo niegas tus superpoderes. Cuando te comparas con otros, tal vez, o cuando te enfocas en lo que percibes como una carencia de autoestima, o cuando te identificas en exceso con símbolos exteriores, como la posición social, tus posesiones y la cantidad de dinero que tienes. Para mucha gente un superpoder significa

Amando, puedes expandirte más allá de las resistencias y limitaciones de tu vida. Tienes la oportunidad de cambiar el flujo de tu vida a través de tu habilidad de amar.

la habilidad de controlar a otros. Eso no es un superpoder; eso es, sencillamente, un deseo de controlar. Los verdaderos superpoderes, tales como la posibilidad de cambiar nuestra vida nada más que cambiando de perspectiva, vienen de adentro.

La pregunta que tal vez estés haciendo ahora es: *¿Por qué, si tengo todos estos superpoderes, no los estoy demostrando en mi vida?*

¿Te acuerdas de Supermán? Lo enviaron al planeta Tierra cuando era un niño, justo antes de que el planeta Kripton explotara. En la Tierra tiene superpoderes y es invencible. Su única debilidad es la kriptonita, la sustancia de la cual estaba hecho su planeta. Cuando hay kriptonita cerca, Supermán se debilita y sus superpoderes desaparecen. Si pasa suficiente tiempo cerca de ella, se debilita de tal manera que puede morir.

¿Cuál es tu kriptonita? ¿Tu punto vulnerable? ¿Qué te debilita y hace que pierdas tus superpoderes?

La manera más común de perder nuestros superpoderes es a través de juicios y sentimientos de víctima. Tal vez recuerdes de la historia sobre Jeremy que la gente en el campo de concentración que se consideraba víctima moría antes que los demás. Esa gente permitió que su creencia le robara sus poderes divinos, incluyendo el poder de elegir.

Tal vez tengas juicios sobre lo que hiciste o dejaste de hacer. Tal vez resientas la manera en que fuiste criado, o tu falta de educación, o la persona que elegiste para casarte. Tal vez tengas un cuento irrefutable de por qué ciertos aspectos de tu vida se desarrollaron como lo hicieron, y por qué eso justifica que te sientas como una víctima. Pero ¿puedes ver cómo esos juicios y esos sentimientos de que eres una víctima te están robando tus poderes divinos, tu habilidad de elegir una vida de expansión, basada en amar y perdonar, en lugar de una vida de contracción, basada en negatividad y miedo?

En lugar de mirar tu vida y pensar que estás restringido, acércate al amar, sabiendo que puedes expandirte más allá de cualquier limitación y vivir en la libertad que está siempre contigo.

No estés dispuesto a entregar tus superpoderes tan fácilmente. Respira y dedica un momento a aceptar tu identidad de superhéroe, que es el umbral que necesitas atravesar para aceptarte como un ser divino. La **Práctica 12: Aceptar tus superpoderes**, que aparece a continuación, te puede ayudar a aceptar tu identidad de superhéroe y a reclamar tus poderes.

PRACTICA 12

Aceptar tus superpoderes

Supermán tenía su capa. La Mujer Maravilla tenía las pulseras. Ahora que has aceptado tu identidad de superhéroe, la naturaleza divina que es tu núcleo, ¿qué señales o símbolos externos te ayudarán a recordar los superpoderes que posees?

Primero necesitas un nombre. Un buen lugar para comenzar es en la cualidad que decidiste desarrollar (revisa Echa a andar tu vida, en las páginas 9 y 10). ¿Eres Alfredo, el Perdonador? ¿Paula la Pacífica? ¿El Capitán Compasión? ¿Linda la Amorosa?

¿Tal vez te gustaría tener también un talismán? ¿Una varita mágica? ¿Una capa? ¿Una piedra especial, o una joya? ¿Y qué tal un símbolo, una imagen, una corona, o un estandarte?

Finalmente, necesitarás una postura o un gesto, tu actitud de superhéroe. Observa cómo manejas tu cuerpo, cómo te paras, cómo te mueves cuando adoptas tu identidad de superhéroe y tus superpoderes en su totalidad. ¿Qué gestos haces? ¿Cuál es la expresión de tu cara?

Cuando experimentas dificultades o desafíos en tu vida, o cuando estás funcionando como un supervillano, enojado, juzgando, resentido, sintiéndote víctima, si asumes tu postura de superhéroe es muy posible que tu actitud cambie y se transforme en positiva.

Muchos de nosotros nos cerramos, abandonamos nuestro poder, cuando nos enfrentamos con el dolor o el sufrimiento. Evitamos las escenas que nos perturban, volvemos los ojos o huimos de ellas. Pero cuando dejamos que el amor nos guíe podemos acceder al superhéroe que llevamos dentro y enfrentar esos mismos disturbios sin descentrarnos. La vida siempre nos está dando oportunidades de estar totalmente presentes en nuestra capacidad de superhéroes. No hace falta que abandonemos nuestro poder, nuestro centro.

UNA PERSPECTIVA AMOROSA

A lo largo del tiempo, nuestras creencias y nuestro acondicionamiento pueden crecer y hacerse más complejos. Comienzan a tener vida propia. A veces la gente se encuentra discutiendo sobre asuntos religiosos de manera automática, sin siquiera considerar si sus respuestas son racionales. Es fácil olvidar que la mayor parte de las enseñanzas espirituales del mundo se basa en el amor. Cuando la gente me dice que no cree en Dios, le pregunto si alguna vez ha experimentado amor. Casi siempre contesta que sí.

> La risa es una demostración del amor, una expresión del amor. Es tan extraordinario y tan curativo poder reírte de ti y contigo.
>
> Si te tomas demasiado en serio, pronto vas a caer de rodillas, y tendrás al mundo sobre la espalda. Puede ser una carga muy dura.

Desde mi punto de vista, si has tenido una experiencia de amor, has tenido una experiencia de Dios.

El Nuevo Testamento dice: "Dios es amor; y el que permanece en el amor, en Dios permanece, y Dios en él".[10] Si crees no saber quién es Dios, pregúntate si conoces el amor. Si lo conoces, entonces conoces a Dios.

Cuando Jesús enseñó a amar a Dios con todo tu cuerpo, mente y alma y a amar al prójimo como a ti mismo,[11] se estaba basando en la tradición religiosa judía. Estas ideas no se originaron con él. Estaba repitiendo lo que ahora llamamos el Viejo Testamento.[12] Jesús agregó: "Un mandamiento nuevo os doy: Que os améis los unos a los otros. Como yo os he amado, amaos también vosotros los unos a los otros".[13]

Tal vez hayas notado un tema en común a lo largo del último párrafo: *Ama* a Dios con tu cuerpo, mente y Alma. *Ama* al prójimo como a ti mismo. *Amaos* los unos a los otros como yo os he *amado*. Estas palabras, para mí, son las enseñanzas esenciales de Jesús y de la Biblia.

Contemplar la vida desde una perspectiva espiritual es fascinante, un viaje muy atractivo. No necesitas tener apuro de encontrar a Dios. El apuro no te hace llegar antes. Dios está presente. Todos podemos estar presentes en nuestro amor, en este instante.

Durante los últimos años algunos de mis amigos han estado enfrentándose al cáncer, y varios han muerto. Lo que invariablemente oigo de la gente que tiene cáncer es lo siguiente: "¡Ya no doy más! No voy a continuar dándome tan duro. Voy a dejar de pensar negativamente, y me voy a relajar más".

He escuchado este tema repetido una y otra vez, de varias maneras. ¿Por qué tenemos que esperar a tener cáncer para cambiar cómo vivimos? En cambio, tal vez podamos decir: "No me voy a apurar ni voy a crear estrés. Voy a ser feliz. Me voy a relajar. Y voy a amar porque quiero, porque me hace sentir mejor, porque es más sano y más productivo".

Cuando peleas para mantenerte separado de otra gente, te encerrarás en una posición de dolor.

Los estudios han demostrado que el humor y la risa son buenos para el sistema inmunológico.[14] Así que, aún si no les dedicas tiempo a las prácticas recomendadas por este libro, tal vez hayas juntado hechos de las investigaciones médicas. La oración te beneficia. El perdón te beneficia. La risa te beneficia. Respirar concientemente te beneficia. Si no aprendes nada más de este libro, tal vez comprenderás estas cuatro sencillas verdades.

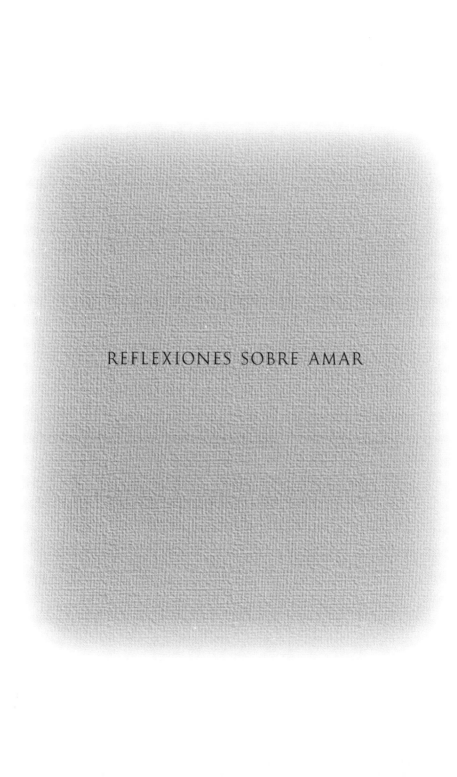

REFLEXIONES SOBRE AMAR

Vas a ser un día más viejo ya sea que decidas hacer algo hoy o no. Así que en este día, por qué no decir:

"Te amo, y no importa si tú me amas o no".

Ese es el comienzo de ser un maestro.
Tendrás adentro de ti
la libertad de decir: "Te amo cuando estás
aquí. Te amo cuando no estás aquí.
Si nunca te vuelvo a ver,
te seguiré amando. Si te vas, te extrañaré, pero esa
es la parte mía a la que le han enseñado a extrañar.
Me recuperaré, porque voy a seguir amando".

Algunas veces te parece que no
puedes seguir adelante, pero lo haces.
Recuerda todas las veces que dijiste:
"No puedo sobrevivir esto",
y aquí estás, sobreviviéndolo.

Cuando alguien está enojado o está peleando contigo,
a menudo la demostración de amor más fácil es el silencio.
Esa es una forma de ganar, pero solamente funciona
si de verdad mantienes tu centro de amor.

Das ese amor de una manera pura, continua,
como si estuvieras tirando de un hilo de seda dorado.
Es la mejor manera de ganar,
porque la otra persona también gana.

Mantén tu amor durante un ratito más
que lo que creas necesario.
Entonces te estás convirtiendo en un maestro.

Cuando tratas de ser el maestro de otro,
no has logrado ser tu propio maestro.
Te transformas en un "tomador".
Estás afuera de tu centro de amor,
porque amar es una acción que da.

Cuando eres tu propio maestro
no necesitas ir más lejos.
No necesitas ser el maestro de nadie más
para dar prueba de que adquiriste maestría sobre ti.

CAPITULO 9

MANTENER EL MOMENTUM

Escucha al corazón.
Te dirá la verdad sobre dónde estás viviendo.

Tengo la esperanza de que, a esta altura, el principio de dejar que el amor guíe está vivo adentro de ti. Cada vez que te des cuenta de que estás preocupado, molesto, o que no estás en un punto de equilibrio, en lugar de contraerte puedes observar, y decirte: "Qué bien, las cosas se están moviendo. Ahora, ¿cómo puede guiarme el amor?" Ese pensamiento te hará regresar a ti y reconectarte con tu propio amor.

Si ese pensamiento no es suficiente, puedes elegir una de las prácticas que aprendiste en este libro, y entrar al amor a través de otra puerta. Y si te encuentras resistiendo cualquier sugerencia, sencillamente puedes decir: "Me amo por resistir todo", y entrar al amor de todas maneras.

Es una tendencia humana mirar hacia afuera cuando buscamos reconocimiento y aprobación. Pero como viste, cuando lo haces estás viviendo de afuera hacia adentro. A la larga no te sentirás satisfecho. Dejar que el amor guíe es vivir de adentro hacia fuera. Es la forma de lograr la verdadera realización.

¿DONDE ESTAS AHORA?

Al comienzo del libro te pedí que identificaras el aspecto de tu vida en el cual había más movimiento. El movimiento, como dije entonces, a menudo aparece como incomodidad o insatisfacción. Pero donde hay movimiento es donde hay mayor oportunidad de cambiar, y el *momentum* de dejar que el amor guíe.

Usando la misma escala del 0 al 10 (0 indica *ninguna satisfacción o logro*; 10 indica *total satisfacción*), dedica un momento a adjudicarle un valor a lo que estás experimentando en ese aspecto ahora. Escribe tu respuesta abajo.

Relaciones: _____   Finanzas: _____

Salud: _____   Profesión: _____

¿Cómo vas? ¿Cómo se comparan estos valores con los que escribiste al comenzar a leer este libro?

La pregunta final es: *¿Hacia dónde te guía el amor ahora?*

REFLEXIONES SOBRE AMAR

Cuando puedas liberarte del concepto que dice
"Estoy aquí y ellos allá", un día encontrarás
que estás en el corazón de todos.
No percibirás a los demás como más o menos que tú.
Sabrás cuáles son sus dolores y sus alegrías
porque son, en esencia, igual que los tuyos.

Y entonces estarás tan involucrado en encontrarte a
"ti" en todos los que te rodean
que ya no tendrás posibilidades
de sentirte aburrido, ansioso o deprimido.
Encontrarás la forma espiritual que eres "tú"
en todo y en todos.
Encontrarás una belleza increíble en todo.

.

Si el corazón canta una canción de amor, ve.
Si no hay respuesta o hay duda, aléjate.

Esa es tu guía.

Eso es el amor guiándote.

NOTAS

1 Ronald Kotulak, *"Waking Up to the High Cost of Lost Sleep"*, *The Chicago Tribune*, edición final de Chicagoland, Noticias, Mayo 31, 1998, p. 1.

2 Carol Krucoff, *"Stress and the Art of Breathing; Relaxation: Modern Medicine is Giving Nontraditional Breathing Principles a Closer Look"*, *Los Angeles Times*, edición local, Julio 10, 2000, p. 1.

3 Mateo 6:33, Reina Valera Actualizada.

4 Lucas 17:21, Reina Valera Actualizada.

5 Sara Adler, *"Forgiveness May be Good For Your Health"*, abcnews.com, Abril 7, 2002, <http://abcnews.go.com/sections/living/DailyNews/forgiveness0 00407.html>.

6 Sara Adler, *"Forgiveness May be Good For Your Health"*, abcnews.com, Abril 7, 2002, <http://abcnews.go.com/sections/living/DailyNews/forgiveness0 00407.html>. Ver también: Stanford Forgiveness Program, <http://www.stanford.edu/~alexsox/forgiveness_article.htm>.

7   Jacques Lusseyran, *Against the Pollution of the I: Selected Writings of Jacques Lusseyran*, (Parabola Books 2000).

8   Viktor E. Frankl, *El hombre en busca de la comprensión*, (Washington Square Press 1997).

9   R. Byrd, *"Positive therapeutic effects of intercessory prayer in a coronary care unit population."* Southern Med J. 81:826-829 (1988).

10 1 Juan 4:16, versión, Reina Valera Actualizada.

11 Mateo, 22:37, Reina Valera Actualizada.

12 Ver: Deuteronomio 6:5, 11:13 y 13:3; Josué 22:5.

13 Juan 13:34, Reina Valera Actualizada.

14 Steven M. Sultanoff, Ph.D., *"Survival of the Witty-est: Creating Resilience through Humor"*, Therapeutic Humor, publicación del *American Association for Therapeutic Humor*, vol. XI, 5, p. 1-2 (otoño 1997), <http://www.humormatters.com/articles/resilience.htm>.

POSDATA

Tenemos la esperanza de que esta introducción a la espiritualidad práctica te haya ayudado. Nos gustaría recibir tus comentarios sobre *Momentum: dejar que el amor guíe* y sobre tus experiencias con las Prácticas. Puedes escribirnos por correo electrónico a momentum@mandevillepress.org, o escribirnos o llamarnos a:

Mandeville Press

P.O. Box 513935

Los Angeles, CA 90051-1935 EE.UU.

323-737-4055

www.mandevillepress.org

Si te gustaría tener un seminario de *Momentum* en tu región, envía la tarjeta que viene adentro de este libro, o ponte en contacto con nosotros en la dirección que aparece arriba.

Si has disfrutado de este libro, tal vez te convenga explorar más profundamente lo que John-Roger ha compartido sobre este tema y otros relacionados. Para mayor información sobre las enseñanzas de John-Roger a través del Movimiento del Sendero Interno del Alma, puedes contactar al:

MSIA®

P.O. Box 513935

Los Angeles, CA 90051 EE.UU.

800-846-1586

alma@msia.org

www.msia.org

Recursos y material
de estudio adicionales

Los siguientes materiales de estudio te pueden apoyar para que aprendas más respecto de las ideas presentadas en *Momentum: dejar que el amor guíe*.

LIBROS POR JOHN-ROGER

EL GUERRERO ESPIRITUAL:
EL ARTE DE VIVIR CON ESPIRITUALIDAD
Lleno de sabiduría, humor, sentido común y herramientas prácticas para la vida espiritual. Este libro ofrece sugerencias prácticas para hacernos cargo de nuestras vidas y crear salud, felicidad, riqueza y amor mayores. Tornarse en un guerrero espiritual no tiene nada que ver con la violencia. Se trata de utilizar las cualidades positivas del guerrero espiritual, a saber, intención, implacabilidad e impecabilidad, para contrarrestar los hábitos personales negativos, especialmente cuando te confronta la adversidad.
Tapa Dura, ISBN# 0-914829-62-9 $20

RELACIONES: AMOR, MATRIMONIO Y ESPÍRITU
Este libro brinda claves aplicables y funcionales para mejorar nuestras relaciones. Nos dice en resumen que la relación suprema, es la relación con uno mismo y nos brinda una guía para lidiar efectivamente con tu cónyuge, hijos, personas significativas, pareja, jefe y compañeros de trabajo, al igual que información sobre la plenitud sexual, aborto, leyes espirituales, etc.

Los capítulos de este libro incluyen:

Las relaciones y la ley espiritual

Las trampas sutiles de la comunicación

Plenitud sexual

Dolor: el despertador

El precio de la aprobación

Terminar una relación

Previamente conocido como Relaciones: el arte de hacer funcionar la vida. Próximamente saldrá al mercado en su nueva versión. $15

PERDONAR: LA LLAVE DEL REINO

El perdón es el factor clave de la liberación personal y el progreso espiritual. Este libro presenta tomas de conciencia profundas respecto del perdón y del júbilo y libertad personales producto del mismo. El negocio de Dios es perdonar. Este libro brinda ánimo y técnica para que sea también nuestro negocio.
ISBN 0-914829-96-X, $13.50

LOS MUNDOS INTERNOS DE LA MEDITACIÓN

En esta manual de auto ayuda para la meditación, las prácticas de meditación se transforman en recursos valiosos y prácticos para explorar los planos espirituales y lidiar con la vida más efectivamente. Se incluye una gran variedad de meditaciones que pueden utilizarse para adquirir mayor conciencia espiritual, mayor relajación, equilibrar las emociones y aumentar la energía.
ISBN 0-914829-75-0, $8.00
En 3 Discos compactos (CD) a $15 cada uno.

AMANDO CADA DÍA PARA LOS QUE HACEN LA PAZ

Elegir la paz cada día

¿Paz? Parece un ideal noble, sin embargo una realidad elusiva. La paz entre las naciones se edifica sobre la paz entre los individuos y la paz entre los individuos depende de la paz dentro de cada persona. Amando cada día para los que hacen la paz, es más que otra teoría o idea y guía al lector a encontrar su propia solución para experimentar la paz.

ISBN 1-893020-20-7, $13

DISERTACIONES DEL CONOCIMIENTO DEL ALMA:
un curso sobre La Trascendencia del Alma

Las disertaciones están diseñadas para enseñar La Trascendencia del Alma, lo cual significa hacerte conciente de ti mismo como alma y como unidad con Dios, no como una teoría, sino como realidad viviente. Son para personas que deseen un método constante, probado a lo largo del tiempo, para su desarrollo espiritual.

Un juego de Disertaciones del Conocimiento del Alma consta de doce fascículos, uno para estudiar y contemplar cada mes del año. Al leer cada disertación, activarás tu conciencia de la esencia divina y profundizarás tu relación con El Espíritu.

Las disertaciones, esencialmente espirituales, son compatibles con creencias religiosas que pudieses tener. De hecho, la mayor parte de las personas encuentra que las disertaciones apoyan la experiencia de cualquier camino, filosofía o religión que eligiesen seguir, si así fuera el caso. Dicho en otras palabras sencillas, las disertaciones se tratan de las verdades y sabiduría del corazón.

El primer año de disertaciones habla de temas que van desde crear éxito en el mundo hasta trabajar de la mano con el Espíritu. Un juego anual de disertaciones, en Estados Unidos, cuesta $80.00 dólares estadounidenses. El MSIA ofrece el primer año de las mismas a un precio de introducción de $50.00 dólares.

Para pedir las disertaciones, escribe un correo electrónico a **alma@msia.org** o desde los Estados Unidos, llama al **1-800-846-1586**.

Sobre Los Autores

JOHN-ROGER

Maestro y conferencista de calibre internacional, John-Roger es una inspiración en la vida de mucha gente alrededor del mundo. Durante más de tres décadas su sabiduría, su humor, su sentido común y su amor han ayudado a muchos a descubrir al Espíritu adentro de ellos y a encontrar salud, paz y prosperidad.

John-Roger ofrece recursos extraordinarios que cubren una amplia gama de temas, a través de más de tres docenas de libros sobre temas espirituales y de auto-ayuda, dos de los cuales, escritos en colaboración, fueron parte de la lista de "best-sellers" del *New York Times*, y de sus innumerables programas de audio. Es el fundador del Movimiento del Sendero Interno del Alma (MSIA) *(Movement of Spiritual Inner Awareness)*, cuyo principal enfoque es la Trascendencia del Alma; también fundó y es el presidente honorario de la Universidad de Santa Mónica *(University of Santa Monica)*; es el presidente del Seminario Teológico y Facultad de Filosofía Paz *(Peace Theological Seminary & College of Philosophy–PTS)* y fundó los Seminarios Insight *(Insight Transformational Seminars)*; y fundó y es el presidente del Instituto para la Paz Individual y Mundial *(The Institute for Individual and World Peace)*.

John-Roger ha dado más de cinco mil seminarios en todo el mundo, muchos de los cuales se pueden ver en televisión en los Estados Unidos a nivel nacional en el programa de cable *"That Which Is"*, a través del Network of Wisdoms. Ha sido invitado estelar en los programas *"Larry King Live"*, *"Politically Incorrect"*, *"The Roseanne Show"*, y es invitado con frecuencia a programas de radio y televisión.

Educador y ministro de profesión, John-Roger continúa transformando las vidas de muchas personas, educándolas en la sabiduría del corazón espiritual.

Para obtener más información sobre John-Roger, puedes visitar: www.john-roger.org

PAUL KAYE

Desde su juventud en Inglaterra Paul Kaye ha sido un estudiante dedicado del pensamiento y las prácticas espirituales. Sus exploraciones lo condujeron al Yoga, al Zen, y a las bases espirituales de las artes del movimiento y marciales.

Los intereses de Paul incluyen las filosofías de poetas y maestros como Lao Tse, Rumi y Kabir, y las enseñanzas esotéricas de Jesucristo. Paul ha creado seminarios sobre la aplicación práctica de los principios espirituales y los ha presentado alrededor del mundo. Paul tiene una presencia única y extraordinaria. Todo lo que hace va acompañado de alegría, y sus presentaciones son inspiradas, prácticas, y llenas de un extraordinario sentido del humor y de sabiduría.

Ha estado estudiando con el famoso educador y autor John-Roger desde hace más de treinta años, y es el presidente del Movimiento del Sendero Interno del Alma (MSIA) (Movement of Spiritual Inner Awareness), un grupo ecuménico no sectario. Paul tiene la ordenación de ministro y un doctorado en ciencia espiritual.

Para entrevistas para comentarios o preguntas con los autores, o para solicitarlos como oradores, por favor contacta a Angel Gibson en:

Mandeville Press
3500 West Adams Blvd.
Los Angeles, CA 90018 EE.UU.
323-737-4055 x 155
angel@mandevillepress.org
www.mandevillepress.org
jrbooks@mandevillepress.org